Donnerndes Schweigen

Thich Nhat Hanh

DONNERNDES SCHWEIGEN

Das Sutra über die Kenntnis
vom besseren Weg,
eine Schlange zu fangen

Theseus Verlag

Titel der amerikanischen Ausgabe:
Thundering Silence
Sutra on Knowing the Better Way to Catch a Snake
erschienen bei Parallax Press, P.O. Box 7355
Berkeley, California 94 707

Deutsche Übersetzung nach der amerikanischen Ausgabe von Ursula Richard
Lektoriert von Karen Siebert
Durchgesehen von Judith Bossert

Umschlagzeichnung: Hieu De
Gesamtgestaltung: Günter Hennersdorf
Satz: Rudolph Benens & Co., Berlin
Druck und Binden: Wiener Verlag, Himberg
Printed in Austria

ISBN 3-89620-073-9

Inhalt

Einleitung

Das *Sutra über die Kenntnis vom besseren Weg, eine Schlange zu fangen* lernte ich kennen, als ich das *Diamant-Sutra* bereits seit mehr als zwanzig Jahren studiert hatte. Über diese Entdeckung war ich sehr glücklich, denn ich erkannte, daß bestimmte Aussagen des Buddha im *Diamant-Sutra* ihre Wurzeln im *Sutra über die Kenntnis vom besseren Weg, eine Schlange zu fangen* haben – so das Gleichnis vom Floß und die Worte – dies wahrhaft »donnernde Schweigen«: »Alle wahren Lehren müssen aufgegeben werden und erst recht die Lehren, die nicht wahr sind!«

Auch das Gleichnis von der Schlange ist etwas Besonderes. Der Buddha dringt darauf, daß wir das Dharma in intelligenter Weise studieren und praktizieren, damit wir uns nicht in Worten und Begriffen verfangen, so wie es auch für eine Person wichtig ist, zu wissen, wie man eine Schlange fängt, damit sie nicht von ihr gebissen wird. Noch nie zuvor hatte ich gehört, daß jemand seine oder ihre Lehre mit einer Schlange verglich oder behauptete, es könne gefährlich sein, sie zu studieren und zu praktizieren – und ich war beeindruckt.

Obwohl seine Lehren sehr tiefgründig sind, stellt der Buddha sie gern auf einfache Weise dar. So beschreibt er zum Beispiel Wirklichkeit als das, was sie ist: Entstehen in Abhängigkeit. Er sagt ganz einfach: »Dies ist, weil jenes ist.« Das klingt vielleicht ganz simpel, ist aber sehr tiefgründig. Viele haben es mißverstanden – auch Menschen, die zu seiner Zeit lebten, ja sogar einige Mönche und Nonnen, die die Möglichkeit hatten, den Buddha persönlich zu hören. So verwundert es nicht, daß Gelehrte und Übende späterer Generationen seine Lehren falsch verstanden und dargestellt haben. Viele Menschen glauben zum Beispiel, daß der Buddha von Nichtsein spricht, von Auslöschung, Vernichtung aller Gefühle und Absichten, Auflösung der Persönlichkeit in das Nirvana hinein und so weiter. Die Lehren über Leerheit, Nicht-Selbst, Nirvana, Nicht-Erlangen, Tathagata etc. werden weiterhin von Generation zu Generation mißverstanden.

Im *Sutra über die Kenntnis vom besseren Weg, eine Schlange zu fangen* erinnert uns der Buddha daran, geschickt und sorgsam zu lernen und zu üben und uns nicht von Worten und Begriffen einfangen zu lassen. Die Lehren über Leerheit, Nicht-Selbst, Nirvana usw. werden in diesem Sutra als Beispiele für Verfälschungen angeführt. Das Sutra bietet uns eine neue Gelegenheit, die Lehren zu empfangen.

»Fünfundvierzig Jahre lang habe ich überhaupt nichts gesagt.« Mit dieser Aussage warnt uns der Buddha davor, Gefangene von Worten und Begriffen zu werden. Wahrlich das Gebrüll eines mächtigen Löwen! Verfangen wir uns in Worten und Begriffen, sind wir nicht in der Lage, die wahren Lehren des Buddha in uns aufzunehmen. Aus diesem Grunde haben wir dem Buch den Titel *»Donnerndes Schweigen«* gegeben. Möge das *Sutra über die Kenntnis vom besseren Weg, eine Schlange zu fangen* den Nebel der Worte und Begriffe in uns hinwegfegen, damit die Sonne der wahren Lehren hell über dem Feld unseres verstehenden Geistes erstrahlen kann.

Das Sutra über die Kenntnis vom besseren Weg, eine Schlange zu fangen

So habe ich gehört:

Zu jener Zeit weilte der Buddha im Anathapindika-Kloster im Jeta-Hain in der Nähe von Savatthi. Damals gab es einen Bhikkhu namens Arittha; vor seiner Ordination war er ein Geier-Abrichter[1] gewesen. Er hegte die falsche Ansicht, daß nach den Lehren des Buddha Sinnesfreuden kein Hindernis für die Praxis seien. Viele Bhikkhus, denen dies zu Ohren kam, suchten daraufhin Arittha auf und fragten ihn: »Bruder Arittha, glaubst du wirklich, daß der Buddha lehrt, Sinnesfreuden seien kein Hindernis für die Praxis?«

Arittha antwortete: »Ja, Freunde, es ist wahr, ich glaube, daß der Buddha Sinnesfreuden nicht als Hindernis für die Praxis ansieht.«

Die Bhikkhus schalten ihn: »Bruder Arittha, du verfälschst die Lehren des Buddha und verleumdest ihn sogar! Der Herr hat niemals gesagt, Sinnesfreuden seien kein Hindernis für die Praxis. Tatsächlich hat er viele Beispiele benutzt, um zu zeigen, daß Sinnesfreuden ein Hindernis für die Praxis sind. Du solltest deine falsche Ansicht aufgeben!« Und obwohl die Bhikkhus Arittha in dieser Weise gut zuredeten, war er nicht zu bewegen, seine Sicht zu ändern. Dreimal forderten sie ihn auf, seine falsche Ansicht aufzugeben, dreimal aber weigerte er sich und beharrte darauf, daß er recht habe und die anderen im Unrecht seien.

Daraufhin gingen die Bhikkhus zur Hütte des Buddha, warfen sich zu seinen Füßen nieder, setzten sich sodann an die Seite und

1 Um ihn von anderen Mönchen gleichen Namens zu unterscheiden, wird Arittha hier als ehemaliger »Geier-Abrichter« bezeichnet.

sprachen ehrerbietig: »Du von aller Welt Verehrter, der Bhikkhu Arittha behauptet, gemäß deinen Lehren seien Sinnesfreuden kein Hindernis für die Praxis. Wir haben ihn dreimal aufgefordert, seine falsche Ansicht aufzugeben, doch er hält weiterhin daran fest. Darum sind wir zu dir gekommen, Herr. Was sollen wir tun?«

Als er dies hörte, bat der Buddha einen der Bhikkhus, er möge Arittha auffordern, zu seiner Hütte zu kommen. Der Bhikkhu erhob sich, warf sich nieder, umschritt den Buddha dreimal und ging dann zu Bhikkhu Arittha. Als Arittha hörte, daß der Herr ihn zu sehen wünschte, kam er sofort herbei, warf sich vor dem Buddha nieder und setzte sich an die Seite. Der Buddha sagte: »Arittha, ist es wahr, daß du behauptest, ich lehrte, Sinnesfreuden seien kein Hindernis für die Praxis?«

Arittha antwortete: »Ja, Herr. Ich glaube, daß nach dem Geiste deiner Lehren Sinnesfreuden kein Hindernis für die Praxis sind.«

Der Herr mahnte ihn: »Arittha, was kann dich nur zu dieser Ansicht geführt haben? Wann hast du mich jemals lehren hören, daß Sinnesfreuden kein Hindernis für die Praxis seien? Wer hat gesagt, ich lehrte dergleichen? Arittha, du bist im Unrecht. Deine Dharma-Brüder haben dir geraten, deine falsche Ansicht fallenzulassen, und du solltest es wirklich tun!« Der Buddha fragte nun die anderen Mönche: »Bhikkhus, habt ihr mich jemals lehren hören, daß Sinnesfreuden kein Hindernis für die Praxis seien?«

Die Bhikkhus antworteten: »Nein, Herr, das haben wir nicht.«

Der Buddha fragte nun: »Was habt ihr mich dann lehren hören?«

Die Bhikkhus erwiderten: »Wir haben den Herrn lehren hören, Sinnesfreuden seien ein Hindernis für die Praxis. Herr, du hast gesagt, Sinnesfreuden seien wie ein Skelett, ein Stück rohes Fleisch, eine Strohfackel, eine Grube voll glühender Kohlen, eine giftige Schlange, ein Traum, geliehener Besitz oder ein mit Früchten beladener Baum.«[2]

Der Herr sagte: »Bhikkhus, das ist richtig. Stets habe ich gelehrt, daß Sinnesfreuden die Praxis behindern. Sinnesfreuden sind wie ein Skelett, ein Stück rohes Fleisch, eine Strohfackel, eine Grube voll glühender Kohlen, eine giftige Schlange, ein Traum, geliehener Besitz oder ein mit Früchten beladener Baum. Bhikkhu Arittha, du hast sowohl den Wortlaut als auch den Geist meiner Lehren falsch verstanden. Du hast meine Lehren als das genaue Gegenteil von dem dargestellt, was ich gemeint habe. Du hast sie verfälscht und mich sogar verleumdet, und gleichzeitig hast du dir und anderen Schaden zugefügt. Das ist ein schwerer Verstoß. Er wird die edlen Lehrer und aufrichtig Übenden sehr traurig stimmen.« Als Bhikkhu Arittha diesen Tadel des Herrn hörte, beugte er still sein Haupt. Er fühlte sich verletzt und verwirrt, und es fiel ihm nichts ein, was er hätte entgegnen können.

Der Buddha sprach nun, nachdem er Arittha so zurechtgewiesen hatte, zu den Bhikkhus: »Ihr Mönche, es ist sehr wichtig, daß ihr meine Lehren vollkommen versteht, bevor ihr sie weitergebt oder in die Praxis umsetzt. Ich bitte euch, wenn ihr die Bedeutung irgendeiner meiner Lehren nicht verstanden habt, dann fragt mich oder einen der älteren Brüder im Dharma oder eine Person, die vorbildlich die Lehren praktiziert. Immer wird es einige Menschen geben, die den Wortlaut oder den Geist der Lehren nicht verstehen, sie in einer ihrer Intention entgegengesetzten Weise verstehen – ganz gleich, ob die Lehren nun als Verse oder Prosa dargeboten werden, als Vorhersagen, Kurzverse, Belehrungen zum Entstehen in Abhängigkeit, Gleichnisse, spontane Äußerungen, Aussprüche, Geschichten über

2 Die Pali-Version fügt zwei weitere Vergleiche an: ein aufspießender Pfahl und ein Schlachthaus.

frühere Geburten und über wundersame Ereignisse, ausführliche Erläuterungen oder Erklärungen durch Begriffsbestimmungen.[3] Es gibt immer Menschen, die die Lehren nur studieren, um ihre Neugierde zu befriedigen oder um in Streitgesprächen zu gewinnen und nicht um ihrer Befreiung willen. Bei solchen Beweggründen entgeht ihnen allerdings der wahre Geist der Lehren. Vielleicht erleiden sie große Not, müssen unnötig Schwierigkeiten auf sich nehmen und vergeuden am Ende nur ihre Kräfte.

Bhikkhus, jemand, der die Lehren auf diese Weise studiert, kann mit einem Mann verglichen werden, der versucht, in der Wildnis eine giftige Schlange zu fangen. Streckt er nur einfach seine Hand aus, beißt ihn die Schlange vielleicht in die Hand, das Bein oder einen anderen Körperteil. Auf diese Weise eine Schlange fangen zu wollen, bringt nichts außer Leiden ein.

Ihr Bhikkhus, genau so ist es, wenn man meine Lehren falsch versteht. Wenn ihr das Dharma nicht richtig praktiziert, dann versteht ihr vielleicht genau das Gegenteil von dem, was ich gemeint habe. Praktiziert ihr aber auf intelligente Weise, dann versteht ihr Wortlaut und Geist der Lehren, und ihr seid in der Lage, sie richtig zu erklären. Übt nicht, um lediglich zu prahlen oder um euch mit anderen zu streiten. Übt, um Befreiung zu erlangen, dann werdet ihr kaum Schmerzen oder Erschöpfung erleben.

Bhikkhus, jemand, der das Dharma intelligent studiert, ist wie ein Mann, der einen gegabelten Stock benutzt, um eine

3 In der Pali-Version gibt es neun Unterteilungen der Lehren; die chinesische Fassung nennt alle zwölf: 1. Lehrreden (*sutra*) 2. Verse und Prosa enthaltende Lehrreden (*geya*) 3. Voraussagen (*vyakarana*) 4. Zusammenfassungen in Versform (*gatha*) 5. Lehren zum Abhängigen Entstehen (*nidana*) 6. Unterweisungen durch Gleichnisse (*avadana*) 7. Aussprüche (*ityuktaka*) 8. Von spiritueller Inspiration erfüllte Äußerungen (*udana*) 9. Geschichten über frühere Leben des Buddha (*jataka*) 10. Ausführliche Erläuterungen (*vaipulya*) 11. Darstellungen wundersamer Ereignisse und Phänomene (*adbhuta dharma*) 12. Begriffsbestimmungen (*upadesha*).

Schlange zu fangen. Trifft er in der Wildnis auf eine giftige Schlange, so drückt er die Schlange mit dem Gabelstock unterhalb des Kopfes zu Boden und packt sie dann mit der Hand am Nacken. Selbst wenn die Schlange sich um seine Hand, sein Bein oder einen anderen Körperteil windet – sie kann ihn nicht beißen. Das ist der bessere Weg, eine Schlange zu fangen, einer, der nicht zu Schmerzen oder Erschöpfung führt.

Ihr Bhikkhus, ein Sohn oder eine Tochter aus gutem Hause, der oder die das Dharma studiert, muß alle Fähigkeiten darauf verwenden, den Wortlaut und den Geist der Lehren zu verstehen. Er oder sie darf nicht mit dem Ziel lernen, zu prahlen, zu debattieren oder zu streiten, sondern nur mit der Absicht, Befreiung zu erlangen. Wird in dieser Weise studiert, mit Intelligenz und Geschick, dann wird es kaum Schmerzen oder Erschöpfung geben.

Ihr Bhikkhus, ich habe euch schon oft erklärt, wie wichtig es ist, zu wissen, wann die rechte Zeit gekommen ist, ein Floß loszulassen, sich nicht länger unnötig daran festzuhalten. Wenn ein Gebirgsbach über die Ufer tritt und zu einem reißenden Strom wird, der Schutt und Geröll mit sich führt, so wird ein Mann oder eine Frau, der oder die dort hinübergelangen will, überlegen: ›Wie kann ich dieses Hochwasser am sichersten überqueren?‹ Nachdem sie die Situation eingeschätzt hat, wird die Frau vielleicht Äste und Gras sammeln, ein Floß daraus bauen und so auf die andere Seite gelangen. Am anderen Ufer angekommen, denkt sie: ›Ich habe viel Zeit und Energie darauf verwendet, dieses Floß zu bauen. Es ist ein wertvoller Besitz, darum will ich es auf meiner weiteren Reise mitnehmen.‹ Ihr Bhikkhus, findet ihr es klug, wenn sie das Floß auf Kopf oder Schultern an Land mit sich tragen würde?«

Die Bhikkhus antworteten: »Nein, du von aller Welt Verehrter.«

Der Buddha fuhr fort: »Wie könnte sie nun weiser handeln? Sie könnte denken: ›Dieses Floß hat mir geholfen, das Wasser sicher zu überqueren. Nun lasse ich es am Ufer zurück, damit ein anderer es gleichfalls nutzen kann.‹ Wäre dies nicht weitaus klüger?«

Die Bhikkhus erwiderten: »Ja, du von aller Welt Verehrter.«

Der Buddha sagte: »Ich habe über das Gleichnis vom Floß schon so oft gesprochen, um euch daran zu erinnern, wie notwendig es ist, alle wahren Lehren loszulassen und erst recht die Lehren, die nicht wahr sind.«

»Ihr Bhikkhus, es gibt sechs Grundlagen für unsere Ansichten.[4] Das bedeutet, daß es sechs Bereiche von falschen Auffassungen gibt; diese müssen wir aufgeben. Welches sind diese sechs?

Erstens ist da der Körper. Ob er der Vergangenheit, Zukunft oder Gegenwart angehört, ob es unser Körper oder der eines anderen Wesens ist, ob er fein oder grob, häßlich oder schön, nah oder fern ist: der Körper gehört mir nicht, das bin ich nicht, er ist nicht das Selbst. Ihr Bhikkhus, bitte betrachtet dies ganz genau, damit ihr die Wahrheit über den Körper erkennen könnt.

Zweitens gibt es die Empfindungen.

Drittens sind da die Wahrnehmungen.

(Viertens gibt es die Geistesregungen.)[5] Ob diese Phänomene nun der Vergangenheit, Zukunft oder Gegenwart angehören, ob sie ›unser‹ oder die anderer Wesen sind, ob sie fein oder grob, häßlich oder schön, nah oder fern sind: Solche Phänomene gehören mir nicht, das bin ich nicht, sie sind nicht das Selbst.

Fünftens gibt es das Bewußtsein. Was immer wir sehen, hören, wahrnehmen, wissen, geistig erfassen, beobachten oder denken,

4 »Grundlagen für unsere Ansichten« sind die Grundlagen, die uns veranlassen, an unseren Sichtweisen festzuhalten. (Sanskrit: *drishti sthana*; Pali: *ditthi tthana*)

5 In der chinesischen Version fehlt das vierte *skandha,* die Geistesregungen (Sanskrit: *samskara*; Pali: *sankhara*).

gegenwärtig oder zu einer anderen Zeit: Das gehört uns nicht, das sind wir nicht, es ist nicht das Selbst.

Sechstens ist da die Welt. Manche Menschen meinen: ›Die Welt ist das Selbst. Das Selbst ist die Welt. Die Welt, das bin ich. Ich werde unverändert weiterbestehen, auch nach meinem Tode. Ich bin ewig. Ich werde niemals verschwinden.‹ Bitte meditiert, damit ihr erkennt: Die Welt ist nicht mein, ich bin nicht die Welt, die Welt ist nicht das Selbst. Betrachtet dies ganz genau, damit ihr die Wahrheit über die Welt erkennen könnt.«[6]

Bei diesen Worten erhob sich ein Bhikkhu, entblößte seine rechte Schulter, legte seine Handflächen ehrerbietig zusammen und fragte den Buddha: »Weltverehrter, können Angst und Besorgnis aus einem inneren Grund entstehen?«[7]

Der Buddha antwortete: »Ja, Angst und Besorgnis können aus einem inneren Grund entstehen. Wenn du denkst: ›Dinge, die in der Vergangenheit nicht existierten, sind auf einmal entstanden, doch nun gibt es sie nicht mehr‹, dann fühlst du dich traurig oder bist verwirrt und verzweifelt. So können Angst und Besorgnis aus einem inneren Grund entstehen.«

Der Bhikkhu fragte weiter: »Weltverehrter, kann das Entstehen von Angst und Besorgnis aus einem inneren Grund auch vermieden werden?«

Der Buddha antwortete: »Das Entstehen von Angst und Besorgnis aus einem inneren Grund kann vermieden werden. Wenn du nicht denkst: ›Dinge, die in der Vergangenheit nicht existierten, sind auf einmal entstanden, doch nun gibt es sie

6 Dieser Satz fehlt in der Pali-Version, stattdessen steht dort: »Versteht er, daß das Selbst in dieser Weise nicht existiert, so bestürzt ihn das nicht.«

7 Die Pali-Version spricht als erstes von einem äußeren Grund und als zweites von einem inneren.

nicht mehr‹, dann fühlst du dich nicht traurig oder bist verwirrt und verzweifelt. So kann das Entstehen von Angst und Besorgnis aus einem inneren Grund vermieden werden.«

»Weltverehrter, können Angst und Besorgnis auch aus einem äußeren Grund entstehen?«

Der Buddha lehrte: »Angst und Besorgnis können auch aus einem äußeren Grund entstehen. Du denkst vielleicht: ›Das ist das Selbst. Dies ist die Welt. Das bin ich. Ich werde immer sein.‹ Dann triffst du den Buddha oder einen Schüler, eine Schülerin des Buddha, der oder die das Verständnis und die Intelligenz besitzt, dich zu lehren, wie du alle Sichtweisen der Anhaftung an den Körper, das Selbst und die Objekte des Selbst loslassen und damit Stolz, innere Fesseln[8] und das unnötige Verströmen der Lebensenergie[9] aufgeben kannst. Und du denkst nun: ›Das ist das Ende der Welt. Ich muß alles aufgeben. Ich bin nicht die Welt. Ich bin nicht ich. Ich bin nicht das Selbst. Ich werde nicht immer sein. Wenn ich sterbe, werde ich vollkommen ausgelöscht sein. Es gibt nichts, worauf ich mich freuen, worüber ich froh sein, woran ich mich erinnern könnte.‹ Und nun fühlst du dich traurig und bist verwirrt und verzweifelt. So können Angst und Besorgnis aus einem äußeren Grund entstehen.«

»Weltverehrter, kann das Entstehen von Angst und Besorgnis aus einem äußeren Grund auch vermieden werden?«

Der Buddha lehrte: »Ja, das Entstehen von Angst und Besorgnis aus einem äußeren Grund kann vermieden werden, wenn du nicht denkst: ›Das ist das Selbst. Dies ist die Welt. Das bin ich. Ich werde immer sein.‹ Triffst du den Buddha oder eine

8 »Innere Fesseln« sind die psychischen Bindungen, die wie Knoten des Leidens in der Tiefe unseres Bewußtseins gespeichert sind (Sanskrit und Pali: *samyojana*).

9 Unter dem »unnötigen Verströmen der Lebensenergie« sind die Leidenschaften zu verstehen, die die Zeit unseres Leidens verlängern und uns an den Bereich von Geburt und Tod binden (Sanskrit: *asrava*; Pali: *asava*); die wörtliche Bedeutung ist »ausströmen, entweichen«. Der Begriff kann auch im Sinne von »den Geist trübende Leidenschaften« verstanden werden, als Synonym für *klesa* (Sanskrit) und *kilesa* (Pali).

Schülerin, einen Schüler des Buddha, die oder der das Verständnis und die Intelligenz besitzt, dich zu lehren, wie du alle Sichtweisen der Anhaftung an den Körper, das Selbst und die Objekte des Selbst loslassen und damit Stolz, innere Fesseln und das unnötige Verströmen der Lebensenergie aufgeben kannst, so denkst du daraufhin nicht: ›Das ist das Ende der Welt. Ich muß alles aufgeben. Ich bin nicht die Welt. Ich bin nicht ich. Ich bin nicht das Selbst. Ich werde nicht immer sein. Wenn ich sterbe, werde ich vollkommen ausgelöscht sein. Es gibt nichts, worauf ich mich freuen, worüber ich froh sein, woran ich mich erinnern könnte.‹ Dann fühlst du dich nicht traurig, noch bist du verwirrt und verzweifelt. So kann das Entstehen von Angst und Besorgnis aus einem äußeren Grund vermieden werden.«

Nach diesen Worten pries der Bhikkhu den Buddha und dankte ihm. Er nahm diese Lehre vollkommen an und verharrte darauf in Stille.

Der Buddha fragte: »Ihr Bhikkhus, glaubt ihr, daß die Fünf Daseinsgruppen und das Selbst dauerhaft, unveränderlich und nicht der Zerstörung unterworfen sind?«

»Nein, verehrter Lehrer.«

»Gibt es irgend etwas, woran ihr anhaften könnt, das nicht Sorge, Erschöpfung, Kummer, Leid und Verzweiflung verursacht?«

»Nein, verehrter Lehrer.«

»Kann man denn zu irgendeiner Sichtweise von ›Selbst‹ Zuflucht nehmen, die nicht Sorge, Erschöpfung, Kummer, Leid und Verzweiflung verursacht?«

»Nein, verehrter Lehrer.«

»Bhikkhus, ihr habt ganz recht! Zu jeder Vorstellung von einem Selbst gehört auch immer eine Vorstellung davon, was zu diesem Selbst gehört. Ohne eine Vorstellung von einem Selbst gibt es auch keine davon, was zu diesem Selbst gehört. Ein Selbst und das, was zu ihm gehört – diese beiden Sichtweisen sind in dem Versuch begründet, nach Dingen zu greifen, die nicht ergriffen werden können, und Dinge zu verankern, die nicht zu verankern sind.[10] Solche falschen Auffassungen binden uns; innere Fesseln entstehen genau dann, wenn wir uns in Vorstellungen verfangen, die weder ergriffen noch verankert werden können, da sie in der Wirklichkeit jeder Grundlage entbehren. Erkennt ihr, daß dies falsche Auffassungen sind? Seht ihr im Fall von Bhikkhu Arittha die Folgen solcher falschen Auffassungen?«

Die Bhikkhus antworteten: »Ja, verehrter Lehrer. Das sind falsche Auffassungen, und deren Folgen kann man im Fall von Bhikkhu Arittha erkennen.«

Der Buddha fuhr fort: »Denkt ein Bhikkhu über die sechs Grundlagen für falsche Ansichten nach und es entsteht in ihm nicht mehr die Vorstellung von ich oder mein, so ist er nicht mehr an dieses Leben gekettet. Da er nicht länger an dieses Leben gekettet ist, hat er keine Angst. Ohne Angst zu sein bedeutet, Nirvana zu erreichen. Solch einen Menschen beunruhigen Leben und Tod nicht mehr; das heilige Leben ist gelebt worden; was getan werden mußte, ist getan; keine künftigen Geburten oder Tode wird es mehr geben. Dieser Mensch kennt nun die Wahrheit der Dinge, so wie sie sind. Ein solcher Bhikkhu hat den Burggraben aufgefüllt, ihn überquert, die feindliche Zitadelle zerstört und die Tür aufgebrochen – er blickt nun direkt in den Spiegel des höchsten Verstehens hinein.

10 »... nicht ergriffen werden können« ist eine Übersetzung des chinesischen *bu ke de, bu ke shi she* (Sanskrit: *anupalabhya*), d. h. »nicht zu ergreifen«.

Was bedeutet ›den Burggraben auffüllen‹? Es bedeutet, das Wesen der Unwissenheit zu erkennen und klar zu verstehen. Unwissenheit ist mit Stumpf und Stiel ausgerottet – nie mehr kann sie neu erwachsen.

Was bedeutet ›den Burggraben überqueren‹? Es bedeutet, das Wesen von Werden und Verlangen[11] zu erkennen und klar zu verstehen. Werden und Verlangen sind entwurzelt und vernichtet – nie mehr können sie neu erwachsen.

Was bedeutet ›die feindliche Zitadelle zerstören‹? Es bedeutet, das Wesen des Kreislaufs von Geburt und Tod zu erkennen und klar zu verstehen. Der Kreislauf von Geburt und Tod ist bis in den Grund zerstört und zertrümmert – nie mehr kann er von neuem entstehen.

Was bedeutet ›die Tür aufbrechen‹? Es bedeutet, das Wesen der fünf niederen inneren Fesseln[12] zu erkennen und klar zu verstehen. Die fünf niederen inneren Fesseln sind herausgerissen und vernichtet – sie können nicht wieder entstehen.

Was bedeutet ›direkt in den Spiegel des höchsten Verstehens blicken‹? Es bedeutet, das Wesen des Stolzes zu erkennen und klar zu verstehen. Der Stolz ist ausgelöscht und vernichtet – niemals mehr kann er entstehen.

Ihr Bhikkhus, das ist der Weg des Tathagata, der Weg all derer, die Befreiung erlangt haben. Indra, Prajapati[13], Brahma und

11 »Werden« (Sanskrit: *bhava*) bedeutet das Geborenwerden und Sterben im Kreislauf von Geburt und Tod. »Verlangen« (*trishna*) und Werden sind zwei der zwölf Glieder des Abhängigen Entstehens (*dvadasanga pratitya samutpada*).

12 Die ersten fünf inneren Fesseln sind: Glaube an eine Persönlichkeit, Zweifel, Anhaften an Riten und Regeln, Begierde, Haß. Die anderen fünf inneren Fesseln sind: Begehren nach Feinkörperlichkeit, Begehren nach Unkörperlichkeit, Stolz, Aufgeregtheit, Unwissenheit. In der Mahayana-Tradition werden die zehn Fesseln in folgender Reihenfolge aufgeführt: Verlangen, Haß, Unwissenheit, Stolz, Zweifel, Glaube an eine Persönlichkeit, extreme Ansichten, falsche Ansichten, verdrehte Ansichten und Ansichten, die sich auf Rituale und Verbote beziehen. Die ersten fünf Fesseln werden manchmal als »niedere« oder »stumpfe« Fesseln bezeichnet, die zweiten fünf Fesseln als »höhere« oder »scharfe«.

13 Der indischen Mythologie zufolge ist Prajapati (Pali: *Pajapati*) der Schöpfer der Welt. Diese Rolle wird manchmal auch Indra, Savitri, Soma, Manu und anderen Gottheiten zugeschrieben.

auch die anderen Götter in ihrem Gefolge können, wie genau sie auch hinschauen mögen, keinerlei Spur oder Grundlage für das Bewußtsein eines Tathagata finden.[14] Tathagata ist eine edle Quelle der Frische und Kühle. Es gibt keine große Hitze und keinen Kummer in diesem Zustand. Wenn Einsiedler und Brahmanen mich hören, werden sie mich vielleicht verleumden und behaupten, ich spreche nicht die Wahrheit; sie könnten sagen, der Mönch Gautama vertrete eine Theorie des Nihilismus und lehre absolute Nicht-Existenz, wo doch Lebewesen in Wirklichkeit existierten. Ihr Bhikkhus, der Tathagata hat niemals das gelehrt, was sie behaupten. In Wahrheit lehrt der Tathagata nur, wie das Leiden beendet und damit ein Zustand der Nicht-Angst erreicht werden kann. Wird der Tathagata beschuldigt, kritisiert, verleumdet oder abgelehnt, so berührt ihn das nicht. Er wird nicht ärgerlich, geht haßerfüllt fort oder rächt sich in irgendeiner Form. Wie reagiert nun der Tathagata, wenn jemand ihm huldigt, ihn hochschätzt und verehrt? Der Tathagata denkt: ›Respektiert und ehrt jemand den Tathagata oder bringt ihm Opfergaben, so empfindet der Tathagata deswegen keine besondere Freude. Er denkt lediglich, daß jemand so handelt, weil der Tathagata die Frucht des Erwachens und der Umwandlung erlangt hat.‹

Ihr Bhikkhus, ob euch nun andere Menschen beschuldigen, kritisieren, verleumden oder ablehnen oder ob sie euch respektieren, ehren und euch Opfergaben darreichen – in keinem Fall gibt es Grund, darüber wütend oder erfreut zu sein oder sich zu rächen. Warum? Wenn ihr genau hinschaut, erkennt ihr, daß es kein *ich* und kein *mein* gibt. Spazierte jemand auf diesem Klostergelände umher und sammelte tote Äste und trockenes Gras, um es mit nach Hause zu nehmen, zu verbrennen oder ander-

14 In der chinesischen Fassung fehlt der folgende, in der Pali-Version enthaltene Satz: »Ich sage, daß es genau hier und jetzt unmöglich ist, irgendeine Spur des Tathagata zu finden.« Dieser Satz ist auch im *Aniruddha-Sutta* zu finden.

weitig zu nutzen, sollten wir da denken, daß wir es sind, die nach Hause mitgenommen, die verbrannt oder anderweitig verwendet werden?«

»Nein, verehrter Lehrer.«

»So ist es auch, wenn uns jemand preist, ehrt und beschenkt oder aber uns beschuldigt, kritisiert und verleumdet. Wir sollten uns weder darüber freuen noch ärgerlich werden. Warum? Weil es so etwas wie *ich* oder *mein* nicht gibt.

Die wahren Lehren sind erhellt und den Menschen- und Götterwelten zugänglich gemacht worden, ohne daß etwas fehlte. Durchdringt jemand mit rechtem Verstehen diese Lehren, so wird das von unermeßlichem Wert sein. Gelang es einer Person noch vor dem Scheiden aus diesem Leben, die fünf niederen inneren Fesseln vollkommen umzuwandeln, so wird sie im nächsten Leben in einer höheren Welt sicher Nirvana erreichen. Sie hat den Zustand der Nie-Wiederkehr erreicht und wird nicht mehr in den Kreislauf von Geburt und Tod zurückkehren. War eine Person noch vor dem Scheiden aus diesem Leben imstande, die drei niederen inneren Fesseln umzuwandeln und Gier, Haß und Verblendung weitgehend zu überwinden, so wird sie nur noch einmal in die Götter- oder Menschenwelt zurückkehren, um endgültige Befreiung zu finden. War eine Person noch vor dem Scheiden aus diesem Leben fähig, die Frucht des Stromeintritts zu erlangen, so wird sie nicht erneut großes Leid auf sich nehmen müssen und wird gewiß den Weg des rechten Erwachens beschreiten. Noch siebenmal in die Götter- oder Menschenwelt hineingeboren, wird sie schließlich den Ort der Befreiung erreichen. Vertraut eine Person vor dem Scheiden aus diesem Leben darauf, die Lehren zu verstehen, so wird sie in einer gesegneten Welt wiedergeboren und dort auf dem Weg zum höchsten Erwachen voranschreiten.«

Nach diesen Worten des Buddha machten sich die Bhikkhus voller Freude daran, die Lehren in die Praxis umzusetzen.

Die Kommentare

1
DER ZWECK DIESES SUTRAS

Wenn wir die Lehren des Buddha studieren, müssen wir dies sehr sorgsam tun, damit wir sie richtig verstehen. Mißverstehen wir die Lehren, so ist das nicht nur dem Buddha gegenüber unfair – es kann auch für uns und andere schädlich sein. Wir sollten das Dharma nicht studieren, nur um geschickt diskutieren zu können oder um mit dem Wissen, das wir angesammelt haben, zu prahlen. Für das Dharma-Studium gibt es nur einen einzigen Grund: es in die Praxis umzusetzen. Die Lehren über Nicht-Selbst und Nirvana sind tiefgründig und wundervoll, aber sie können sehr leicht mißverstanden werden. Wir müssen sie ernsthaft und aufrichtig erforschen. Viele Zeitgenossen des Buddha – auch einige seiner Schüler – haben ihn falsch verstanden, und so können natürlich auch wir ihn mißverstehen. Die Lehren des Buddha sind keine Philosophie. Sie sind ein Pfad, ein Floß, das uns hilft, den Strom des Leidens zu überqueren.

Im *Sutra über die Kenntnis vom besseren Weg, eine Schlange zu fangen* rät uns der Buddha, seine Lehren mit großer Umsicht und großem Geschick zu studieren und zu praktizieren. Er benutzt zwei wundervolle Beispiele, die dieses Sutra sehr bekannt gemacht haben: das richtige Fangen einer Schlange und das Aufgeben des Floßes, nachdem der Fluß überquert ist.

2
DIE SITUATION, IN DER DAS SUTRA GEHALTEN WURDE

Anlaß für diese Worte des Buddha war: Einer seiner Schüler, der Bhikkhu Arittha, hatte seinen Mit-Mönchen erzählt, er verstehe die Lehren des Buddha so, daß Sinnesfreuden kein Hindernis für die Praxis seien. Der Buddha erklärte Arittha, er habe seine Lehren falsch verstanden, und er gab ihm und den anderen Bhikkhus diese Belehrung: das *Sutra über die Kenntnis vom besseren Weg, eine Schlange zu fangen.*

3
DER TITEL

In der südlichen Tradition wurde dieses Sutra im Pali-Kanon als *Alagaddupama-Sutta,* »Schlangen-Gleichnis«, aufgezeichnet; es ist die Nummer 22 im *Majjhima-Nikaya.* In der nördlichen Tradition wird dasselbe Sutra als *Arittha-Sutra* dokumentiert; die chinesische Fassung ist unter der Nummer 220 im *Madhyama-Agama* zu finden. Das *Madhyama-Agama* selbst ist im *Revidierten Taisho-Tripitaka* die Nummer 26. Das Sutra wurde von Gautama Sanghadeva in den Jahren 397–398 aus dem Sanskrit ins Chinesische übersetzt.

4
ARITTHAS FALSCHES VERSTÄNDNIS

Bhikkhu Arittha hatte behauptet, gemäß der Lehre des Buddha seien Sinnesfreuden kein Hindernis für die Praxis. Obwohl alle anderen Mönche verstanden hatten, daß Sinnesfreuden Leid und die Fesseln der Anhaftung mit sich bringen, blieb Bhikkhu Arittha bei seiner Auffassung, Sinnesfreuden stellten kein Hindernis für die Praxis dar. Wie war das möglich? Fehlte es Arittha vielleicht in einem solchen Ausmaß an Intelligenz, daß er gar nicht fähig war, diese einfache und grundlegende Belehrung zu verstehen? Oder wollte er bewußt die Lehre verdrehen; war er möglicherweise ein Verfechter des Gegenteils von dem, was der Buddha lehrte?

Wer war dieser Bhikkhu Arittha? Es heißt, er sei vor seiner Ordination ein Geier-Abrichter gewesen. Im *Arittha-Sutta* aus dem *Samyutta-Nikaya* (V, 314–315) fragt der Buddha einige Mönche, ob sie das achtsame Atmen praktizierten. Arittha bejaht die Frage und erläutert, wie er übt. Der Buddha kommentiert das Gesagte nicht, sondern stellt den Bhikkhus mehrere Übungen vor, durch die sie ihre Konzentration weiter vertiefen können.

Im *Vinaya-Pitaka* der südlichen Tradition können wir nachlesen, daß Bhikkhu Arittha nach dreimaliger Aufforderung durch die anderen Bhikkhus, doch seine falsche Sichtweise aufzugeben, schließlich von der Sangha in Chabbaggiya, einem Ort in der Nähe von Savatthi, angeklagt wurde; und zwar wegen des Verstoßes gegen eine *pacittaya*-Regel. Weiter heißt es, daß die Strafe im *ukkhepaniya kamma,* dem vorübergehenden Ausschluß aus dem Orden, bestand (*Vinaya* II, 25–8). Eine Reihe von Bhikkhus und eine Bhikkhuni namens Thullananda standen offenbar während der Zeit seines Ausschlusses weiterhin mit ihm in Kontakt und wurden daraufhin ebenfalls suspendiert (*Vinaya* IV, 137 u. 135).

Wenn ich das *Sutra über die Kenntnis vom besseren Weg, eine Schlange zu fangen* lese, habe ich das Gefühl, daß Bhikkhu Arittha zwar recht eigensinnig, aber nicht dumm war. Aus anderen Quellen wissen wir, daß er mit seinen Ansichten wie auch durch seine Persönlichkeit andere Bhikkhus und Bhikkhunis beeinflussen konnte. Wir müssen also untersuchen, weshalb er die Lehren des Buddha falsch verstand und beharrlich an seiner Auffassung festhielt.

Meiner Meinung nach entstammt Aritthas Mißverstehen seinem Unvermögen, den Unterschied zu erkennen zwischen der Anhaftung an Sinnesfreuden und dem Glück und der Freude, die aus einem friedvollen Geist erwachsen. Bei vielen Gelegenheiten erläuterte der Buddha, daß Freude und Glück uns nähren, während der ungezügelte Genuß von Sinnesfreuden Leid verursachen kann. Worin besteht der Unterschied? Laßt uns zunächst einmal untersuchen, was mit der Freude und dem Glück eines achtsamen, friedvollen Menschen gemeint ist.

Manche Menschen glauben, sich einer spirituellen Disziplin zu unterziehen bedeute, Askese und Entbehrung zu praktizieren. Für andere schließt aber die Dharma-Praxis nicht die Freude an frischer Luft etwa, an der untergehenden Sonne, einem Glas frischen Wassers und so weiter aus. Genießen wir die Dinge maßvoll, so bringt uns das kein Leid, es bindet uns nicht mit den Fesseln der Anhaftung. Erkennen wir, daß all diese Dinge unbeständig sind, so haben wir kein Problem damit, sie zu genießen. Tatsächlich sind wirklicher Frieden und echte Freude nur möglich, wenn wir die Natur der Unbeständigkeit ganz klar und deutlich sehen.

Der Buddha hat oft gezeigt, daß er diese einfachen Freuden sehr wohl zu würdigen wußte. Als der König von Kapilavatthu, Mahanama, der Sangha ein köstliches Mittagsmahl bereiten ließ, wußte der Buddha, daß es ein gutes Essen war, und er drückte seine Anerkennung dafür aus. Als er mit Ananda auf einem Hügel stand und auf goldschimmernde Reisfelder in der Ebene blickte, äußerte der Buddha seine Freude an der Schönheit dieser Landschaft. Auch auf ihren gemeinsamen Wegen zum Geiergipfel oder nach Vesali pflegte der Buddha Ananda zu fragen:

»Der Geiergipfel ist prächtig, nicht wahr, Ananda?« oder »Ananda, ist Vesali nicht sehr schön?« Von solchen Einzelheiten wird in den Schriften immer wieder berichtet; sie zeigen uns, daß der Buddha niemals etwas gegen die Freude und das Glück eines friedvollen Geistes hatte und auch nie äußerte, Freude und Glück seien Hindernisse für die Praxis. Ein gesundes Gefühl von Freude und Glück kann ganz wesentlich zum Wohlergehen von Körper und Geist beitragen und uns helfen, auf dem Pfad der Praxis voranzuschreiten. Siddhartha gab die Selbstkasteiung auf, nachdem er sich an die Freude erinnerte, die er als kleiner Junge empfunden hatte, als er unter einem Rosenapfelbaum meditierte. Wir alle brauchen Freude und Glück. Uns muß nur bewußt sein, daß alle Dinge unbeständig und dem Wandel unterworfen sind, auch die frische Brise, der Sonnenuntergang, der Geiergipfel und Vesali.

Die fünf Sinnesfreuden (Geld, Sexualität, Ruhm, unmäßiges Essen, zuviel Schlaf) dagegen bezeichnete der Buddha als Hindernisse für die Praxis. Haben wir jede Nacht ein vernünftiges Maß an Schlaf, so kann das unserer Praxis nicht schaden; im Gegenteil: tiefer, erholsamer Schlaf wird unsere Übung unterstützen. Verbringen wir aber jeden Tag viel zu lange im Bett, ist das ein Hindernis. Freude und Glück sind dann zu einem übermäßigen Schwelgen in einer Sinnesfreude geworden. Auch ein einfaches, gut zubereitetes, nahrhaftes Mahl behindert unsere Praxis nicht, wenn wir es langsam und achtsam zu uns nehmen und so in unmittelbarem Kontakt mit dem, was wir essen, bleiben. Sind wir aber vom Essen besessen und verbringen einen großen Teil unserer Zeit damit, nach Spezialitäten Ausschau zu halten, dann steht das unserer Praxis im Wege. Auch hier hat sich die Freude und das Glück eines friedvollen Geistes in Maßlosigkeit verwandelt. Das gilt ebenso für die erwähnten anderen drei Sinnesfreuden: Sind wir ihre Gefangenen, von ihnen besessen, werden sie zu Hindernissen auf unserem Übungsweg.

Es ist möglich, daß Bhikkhu Arittha das Glück und die Freude eines friedvollen Geistes und das Schwelgen in Sinnesfreuden nicht voneinander trennen konnte. Vielleicht wollte er nur der Vorstellung Ausdruck verleihen, daß freudvolle Gefühle für die Praxis nicht schädlich sind. Er selbst hat ja auch niemals gegen eine der *parajika*-Ordensregeln verstoßen, z. B. die Regel, die einem Mönch Geschlechtsverkehr untersagt, denn, wie wir im *Vinaya* nachlesen können, hat die Sangha ihn nicht wegen Übertretung einer *parajika*-Regel bestraft. Dies hätte nämlich den dauerhaften Ausschluß aus der Sangha bedeutet. Arittha aber wurde nur vorübergehend für ein weniger schwerwiegendes Vergehen ausgeschlossen.

Die Bhikkhus in Chabbaggiya konnten Bhikkhu Arittha nicht dazu bewegen, seine falsche Ansicht aufzugeben. Vielleicht waren sie selbst gar nicht imstande, den Unterschied zwischen der Freude und dem Glück eines friedvollen Geistes und dem Schwelgen in Sinnesfreuden genau zu erklären. Sie disziplinierten ihn, versuchten ihn also von seiner Ansicht abzubringen, indem sie ihn eines Vergehens für schuldig erklärten. Doch offensichtlich gab er auch dann nie wirklich nach, denn wir können lesen, daß einige Bhikkhus und eine Bhikkhuni auch während seiner Suspension in Kontakt mit ihm blieben – sie wurden deshalb ebenfalls vorübergehend ausgeschlossen.

Schließlich mußten sich einige Mönche aus Chabbaggiya zum Jeta-Hain, nahe Savatthi, begeben, um dem Buddha diesen Sachverhalt zu unterbreiten. Wahrscheinlich teilten noch mehr Mitglieder aus Aritthas Sangha seine Haltung und sein falsches Verständnis. Bedauerlicherweise erzählt uns das Sutra nicht mehr über die Ideen Aritthas, abgesehen von seiner Vorstellung, Sinnesfreuden seien kein Hindernis für die Praxis.

5
SINNESFREUDEN ALS UNHEIL

All das Unheil, das diesem Sutra zufolge durch das Schwelgen in Sinnesfreuden hervorgebracht wird, finden wir auch in vielen anderen Sutras aufgelistet: (1) Sinnesfreuden sind ein Skelett, sind blanke Knochen, einem hungrigen Hund zum Fraß vorgeworfen; doch können sie seinen Hunger nicht stillen. Weder nährt uns die Hingabe an Sinnesfreuden, noch führt sie zu dauerhafter Zufriedenheit. (2) Sinnesfreuden sind ein Stück rohes Fleisch, ein Stück unverwertbares Fleisch von einem Schlachttier, das ein Vogel vielleicht im Schnabel wegträgt. Läßt der Vogel das Stück nicht los, wenn ein größerer Vogel kommt, dann gibt es vielleicht einen Kampf, und der kleinere Vogel wird möglicherweise getötet. So können uns Sinnesfreuden sogar das Leben kosten. (3) Sinnesfreuden sind eine brennende Fackel. Die Flamme kann die Hand des Fackelträgers verbrennen, wenn sich der Wind plötzlich dreht. (4) Sinnesfreuden sind eine Grube voll glühender Kohlen, in die wir vielleicht gestoßen werden und in der wir verbrennen. (5) Sinnesfreuden sind eine giftige Schlange, über alle Maßen gefährlich. (6) Sinnesfreuden sind ein Traum, kurzlebig und nicht wirklich. (7) Sinnesfreuden sind geborgter Besitz. Sie gehören uns nicht, wir können uns nicht an ihnen festhalten. (8) Sinnesfreuden sind ein fruchtbeladener Baum. Seine Blätter und Äste werden von denen zerstört, die die Früchte pflücken. (9) Sinnesfreuden sind ein spitzer Stock, eine scharfe Waffe, die das Fleisch durchbohrt. (10) Sinnesfreuden sind ein Schlachthaus, ein Ort, wo das Leben verloren ist.

Die Vorstellung, daß Sinnesfreuden Unheil und Hindernis für die Praxis bedeuten, muß den Bhikkhus und Bhikkhunis sehr vertraut gewesen sein. Sind wir von Sinnesfreuden besessen, so verlieren wir unsere Freiheit. Das lehrte der Buddha. Deshalb brauchen wir auch die Regeln, denn sie schützen uns vor der

Verstrickung in die Sinnesfreuden. Wichtig ist es aber, zu unterscheiden zwischen dem Schwelgen in Sinnesfreuden und der Freude, dem Glück, das wir erfahren, wenn wir achtsam und friedvoll sind. Die Hingabe an Sinnesfreuden ist schädlich; das Genießen von Frieden und Glück dagegen ist für unser physisches und spirituelles Wohlergehen und auch für unseren Übungsweg unverzichtbar. Sinnesfreuden können Leid und Verstrickung erzeugen – im gegenwärtigen Augenblick und auch in der Zukunft; sie schaden uns und anderen. Aus der Freude und dem Glück eines friedvollen Geistes erwachsen weder Leid noch Anhaftung, weder in der Gegenwart noch in der Zukunft, nicht für uns und auch nicht für andere. Wir Übenden müssen unsere Fähigkeit, Frieden und Freude zu empfinden, entwickeln, wollen wir die Früchte der Praxis verwirklichen. Nirvana ist der höchste Frieden, das größte Glück, das wir erreichen können. Wenn wir nur voller Verbissenheit und Strenge üben, werden wir nicht imstande sein, mit dem Frieden und der Freude von Nirvana umzugehen. Im *Sutra über die Kenntnis vom besseren Weg, eine Schlange zu fangen* sagt der Buddha, Tathagata sei ein edler, kühler und frischer Zustand, frei von den Beschwernissen der Hitze oder des Kummers. Das ist der Zustand von Nirvana.

6
DIE GEFAHREN EINES FALSCHEN VERSTÄNDNISSES DER LEHREN

Arittha wird die Ansicht des Buddha über die Freude und das Glück eines friedvollen Geistes gekannt haben, doch scheint ihm der Unterschied zwischen dem Schwelgen in Sinnesfreuden und der Freude und dem Glück eines friedvollen Geistes nicht deutlich geworden zu sein. Wir sollten keineswegs glauben, daß einzig Bhikkhu Arittha dies nicht verstand. Wahrscheinlich gab es eine ganze Reihe von Mönchen, die den Unterschied nicht sahen. Von ihnen tendierten viele vermutlich aber in die entgegengesetzte Richtung: Sie fürchteten sich sowohl vor den Sinnesfreuden als auch vor der Freude und dem Glück eines friedvollen Geistes. Auch heute noch gibt es Menschen, die Buddhismus praktizieren, es aber aus Angst vor Freude und Glück nicht wagen, die schönen, wundervollen Seiten des Lebens zu genießen, haben sie doch gehört, daß alle Dinge unbeständig sind und Leiden mit sich bringen. Sie fürchten sich sogar davor, die Schönheit einer frisch erblühten Blume oder einen großartigen Sonnenuntergang zu genießen – dabei könnten sie dies im vollen Bewußtsein dessen tun, daß Dinge unbeständig, dem Leiden unterworfen und ohne abgetrenntes Selbst sind. Bhikkhu Arittha muß mit Mönchen bekannt gewesen sein, die eine solche Haltung einnahmen. Er nun neigte dem anderen Extrem zu: Unfähig, einen Unterschied zu machen zwischen dem Schwelgen in Sinnesfreuden und dem Glück, der Freude eines friedvollen Geistes, behauptete er, Sinnesfreuden seien kein Hindernis für die Praxis. Weil er damit zu weit ging, mußte ihn der Buddha korrigieren. Der Buddha sprach: *»Ihr Mönche, es ist sehr wichtig, daß ihr meine Lehren vollkommen versteht, bevor ihr sie weitergebt oder in die Praxis umsetzt. Ich bitte euch, wenn ihr die Bedeutung irgendeiner meiner Lehren nicht verstanden habt, dann fragt mich oder einen der älteren Brüder im Dharma oder eine Person, die vorbildlich die Lehren praktiziert.«*

»Ältere Brüder im Dharma« sind jene, die die Praxis verwirklicht haben, nicht solche, die einfach nur viel wissen. »Vorbildlich die Lehren praktizieren« ist eine Übertragung des Wortes *brahmacarya.* Es bezeichnet die, deren Lebenswandel beispielhaft, rein und klar ist. Es sind damit nicht diejenigen gemeint, die ein strenges, asketisches Leben führen.

Zwei Gründe gibt es, warum jemand eine Lehre des Buddha vollkommen anders verstehen kann, als sie gemeint ist. Der eine ist fehlende Einsicht oder mangelndes Geschick aufgrund eines ungenauen Erfassens der Lehren – ihrer Worte, ihres Geistes. Der andere besteht in dem Verlangen, durch die Kenntnis der Lehren in Streitgesprächen zu gewinnen und das eigene Ansehen zu erhöhen. Jene, die die Sutras studieren, um in Auseinandersetzungen erfolgreich zu sein, haben dabei aus den Augen verloren, daß die Praxis zur Befreiung führen soll. Das bedeutet aber nicht, daß Menschen, die die Sutras mit Blick auf ihre Befreiung studieren, in jedem Fall auf dem rechten Weg sind. Sie mögen vielleicht in die richtige Richtung gehen, doch brauchen auch sie Einsicht und Geschick, um die Bedeutung der Sutras wirklich zu verstehen. Ohne Einsicht, ohne geschickten Umgang mit den Lehren müssen auch sie *»unnötig Schwierigkeiten auf sich nehmen und vergeuden am Ende nur ihre Kräfte«*. Der Buddha lehrte: *»Praktiziert ihr aber auf intelligente Weise, dann versteht ihr Wortlaut und Geist der Lehren, und ihr seid in der Lage, sie richtig zu erklären. Übt nicht, um lediglich zu prahlen oder um euch mit anderen zu streiten. Übt, um Befreiung zu erlangen, dann werdet ihr kaum Schmerzen oder Erschöpfung erleben.«*

Der rechte Weg, das Dharma zu studieren, besteht darin, den Wortlaut und Geist der Lehren in geschickter, umsichtiger Weise in sich aufzunehmen, ohne ihre Bedeutung zu verdrehen. Geschick und Umsicht müssen dabei mit Intelligenz einhergehen, und Intelligenz bedeutet hier die Fähigkeit zu verstehen. Ohne Geschick und Intelligenz können wir die Lehren nämlich leicht mißverstehen.

7
EINE SCHLANGE FANGEN

An dieser Stelle des Sutras erzählt der Buddha das Gleichnis vom Fangen einer Schlange. Er sagt, ein geschickter, intelligenter Schlangenfänger benutze stets einen gegabelten Stock, um die Schlange direkt hinter ihrem Kopf so an den Boden zu drücken, daß sie sich nicht mehr herumschlängeln und ihn beißen kann. Dieser Vergleich erweist sich als sehr treffend:

»Bhikkhus, jemand, der die Lehren auf diese Weise studiert, kann mit einem Mann verglichen werden, der versucht, in der Wildnis eine giftige Schlange zu fangen. Streckt er nur einfach seine Hand aus, beißt ihn die Schlange vielleicht in die Hand, das Bein oder einen anderen Körperteil. Auf diese Weise eine Schlange fangen zu wollen, bringt nichts außer Leiden ein.

Ihr Bhikkhus, genau so ist es, wenn man meine Lehren falsch versteht. Wenn ihr das Dharma nicht richtig praktiziert, dann versteht ihr vielleicht genau das Gegenteil von dem, was ich gemeint habe. Praktiziert ihr aber auf intelligente Weise, dann versteht ihr Wortlaut und Geist der Lehren, und ihr seid in der Lage, sie richtig zu erklären. Übt nicht, um lediglich zu prahlen oder um euch mit anderen zu streiten. Übt, um Befreiung zu erlangen, dann werdet ihr kaum Schmerzen oder Erschöpfung erleben.

Bhikkhus, jemand, der das Dharma intelligent studiert, ist wie ein Mann, der einen gegabelten Stock benutzt, um eine Schlange zu fangen. Trifft er in der Wildnis auf eine giftige Schlange, so drückt er die Schlange mit dem Gabelstock unterhalb des Kopfes zu Boden und packt sie dann mit der Hand am Nacken. Selbst wenn die Schlange sich um seine Hand, sein Bein oder einen anderen Körperteil windet – sie kann ihn nicht beißen. Das ist der bessere Weg, eine Schlange zu fangen, einer, der nicht zu Schmerzen oder Erschöpfung führt.

Ihr Bhikkhus, ein Sohn oder eine Tochter aus gutem Hause, der oder die das Dharma studiert, muß alle Fähigkeiten darauf verwenden, den Wortlaut und den Geist der Lehren zu verstehen. Er oder sie darf nicht mit dem Ziel lernen, zu prahlen, zu debattieren oder zu streiten, sondern nur mit der Absicht, Befreiung zu erlangen. Wird in dieser Weise studiert, mit Intelligenz und Geschick, dann wird es kaum Schmerzen oder Erschöpfung geben.«

Vermutlich gibt es nicht viele Lehrende, die ihre Lehren mit einer giftigen Schlange vergleichen würden. Es dürfte kaum welche geben, die sagen, ihre Lehren könnten gefährlich werden, wenn man sie nicht richtig versteht und praktiziert. Der Buddha hat nie behauptet, seine Lehren seien die absolute Wahrheit. Er nannte sie »geeignete Mittel«, um unsere Praxis anzuleiten. Wir müssen unsere Intelligenz und unser Geschick einsetzen, damit wir aus ihnen Nutzen ziehen können.

Bei anderen Gelegenheiten beschrieb der Buddha sich als einen Arzt, dessen Lehren eine Art Medizin seien. Wird die Medizin richtig angewendet, kann sie zur Heilung der Krankheit beitragen. Wird dagegen falscher Gebrauch von ihr gemacht, kann sie das Leben des Patienten bedrohen. Es gibt Berichte von einigen Begebenheiten zu Lebzeiten des Buddha, bei denen seine Lehren falsch verstanden und praktiziert wurden. Beispielsweise nahmen sich einige Mönche während eines Regenzeit-Retreats im großen Wald nahe Vesali das Leben, nachdem sie die Lehren über die Hinfälligkeit des Körpers, über Unbeständigkeit, Nicht-Selbst und Leerheit gehört hatten. Diese Bhikkhus hatten die Lehren direkt vom Buddha gehört und dennoch deren Bedeutung vollkommen falsch verstanden. Wenn es demnach möglich ist, die Lehren vom Buddha selbst zu hören und sie dennoch zu mißdeuten, um wieviel gefährlicher ist die Situation erst für uns, die wir die Lehren nach vielen Jahrhunderten mündlicher und schriftlicher Überlieferung und Interpretation zu hören bekommen! Wir müssen schon mit viel Geschick, Intelligenz, aber auch Demut die wahren Absichten des Buddha bei allem, was er lehrte, herausfinden.

8
DAS FLOSS IST NICHT DAS UFER

Das Schlangen-Gleichnis soll die Gefahr verdeutlichen, in der wir uns befinden, wenn wir die Sutras ohne Geschick, Umsicht und Intelligenz studieren. Im *Sutra über die Kenntnis vom besseren Weg, eine Schlange zu fangen* gibt es ein weiteres ausgezeichnetes Gleichnis: das Gleichnis vom Floß. Es zeigt, wie wir uns in die Lehren verfangen können:

»Ihr Bhikkhus, ich habe euch schon oft erklärt, wie wichtig es ist, zu wissen, wann die rechte Zeit gekommen ist, ein Floß loszulassen, sich nicht länger unnötig daran festzuhalten. Wenn ein Gebirgsbach über die Ufer tritt und zu einem reißenden Strom wird, der Schutt und Geröll mit sich führt, so wird ein Mann oder eine Frau, der oder die dort hinübergelangen will, überlegen: ›Wie kann ich dieses Hochwasser am sichersten überqueren?‹ Nachdem sie die Situation eingeschätzt hat, wird die Frau vielleicht Äste und Gras sammeln, ein Floß daraus bauen und so auf die andere Seite gelangen. Am anderen Ufer angekommen, denkt sie: ›Ich habe viel Zeit und Energie darauf verwendet, dieses Floß zu bauen. Es ist ein wertvoller Besitz, darum will ich es auf meiner weiteren Reise mitnehmen.‹ Ihr Bhikkhus, fändet ihr es klug, wenn sie das Floß auf Kopf oder Schultern an Land mit sich tragen würde?«

Die Bhikkhus antworteten: »Nein, du von aller Welt Verehrter.«

Der Buddha fuhr fort: »Wie könnte sie nun weiser handeln? Sie könnte denken: ›Dieses Floß hat mir geholfen, das Wasser sicher zu überqueren. Nun lasse ich es am Ufer zurück, damit ein anderer es gleichfalls nutzen kann.‹ Wäre dies nicht weitaus klüger?«

Die Bhikkhus erwiderten: »Ja, du von aller Welt Verehrter.«

Der Buddha sagte: »Ich habe über das Gleichnis vom Floß schon so oft gesprochen, um euch daran zu erinnern, wie wichtig es ist, alle wahren Lehren loszulassen und erst recht die Lehren, die nicht wahr sind.«

»Es ist notwendig, alle wahren Lehren loszulassen und erst recht die Lehren, die nicht wahr sind.« Diese machtvolle Verkündung kann mit dem Gebrüll eines Löwen verglichen werden. Dieselbe Proklamation findet sich auch im *Vajracchedika Prajnaparamita Sutra (Der Diamant, der die Illusion durchschneidet).* Das Löwengebrüll hat die Kraft, den Übenden zu helfen, ihre Haltung des Sich-Anklammerns aufzugeben, selbst wenn sie es viele tausend Lebenszeiten lang getan haben. Der Schrei von Ch'an-Meister Lin Chi ist einfach das Echo dieses Löwengebrülls des Buddha. Der Buddha lehrt Unbeständigkeit, Nicht-Selbst, Leerheit und Nirvana nicht als Theorien, sondern als »geeignete Mittel«, die uns in unserer Praxis helfen sollen. Benutzen wir diese Lehren lediglich als Theorien, geraten wir in eine Falle. Zu Zeiten des Buddha haben viele Menschen den Buddhismus nur studiert, um ihren intellektuellen Durst zu stillen. Dies ist heute nicht anders. Die Menschen rühmen sich, buddhistische Gedankensysteme zu verstehen, und benutzen sie in Auseinandersetzungen und Diskussionen als eine Art Spiel oder Unterhaltung. Etwas ganz anderes ist es, wenn wir in Dharma-Gesprächen die Lehren mit anderen Übenden erörtern, um den Pfad der Praxis zu erhellen.

Die Lehren über Unbeständigkeit, Nicht-Selbst und Leerheit gab uns der Buddha, damit wir uns aus unserem psychischen Gefängnis, von unseren seelischen Schmerzen befreien können.

Ein Mensch hat die Worte und den Geist der Lehren nicht verstanden, wenn er die Lehren studiert und praktiziert und dabei keine Befreiung von Anhaftung und Schmerz findet. Er ist an die Form gebunden und nicht in Kontakt mit dem Gehalt. Das Gleichnis vom Floß wurde uns gegeben, damit wir erkennen können, was es bedeutet, an Formen gebunden zu sein. Wir wollen das Floß auf dem Kopf oder den Schultern mit uns herumtragen, statt es für uns und andere als Transportmittel, das uns über den Fluß bringt, zu benutzen. So wie ein Floß – wird es nicht dazu benutzt, Menschen zu befördern – nicht seine eigentliche Funktion erfüllt, so können Lehren, die in spekulativer Absicht benutzt werden, die Menschen auch nicht von ihren Leiden und ihren Anhaftungen befreien. Lehren, die in falscher Weise aufgenommen werden, sind, wie das Sutra sagt, »Lehren, die nicht wahr sind« (oder »Nicht-Lehren«, im Chinesischen *fei fa*). Wahre Lehren können wir wie ein Floß verwenden, um den Fluß zu überqueren; mit Lehren, die nicht wahr sind, funktioniert das nicht. Verstrickt zu sein in wahre Lehren ist schon schädlich genug; verstrickt zu sein in Lehren, die nicht wahr sind, ist noch sehr viel schlimmer. Durch Lehren, die nicht wahr sind, können wir niemals das andere Ufer erreichen. Alle, die das andere Ufer erreicht haben, benutzten das Floß der wahren Lehren; ihnen wird geraten, nun nicht weiter am Floß festzuhalten. Wir müssen frei sein von den wahren Lehren und erst recht von den Nicht-Lehren. Das ist die Bedeutung dieses Gleichnisses. Wenn wir uns auf die Überfahrt begeben, aber noch am Gelernten festhalten, so haben wir es nicht richtig verstanden – die Schlange hat uns doch gebissen. In diesem Fall steht uns kein wirkliches Floß zur Verfügung; wir können den Fluß nicht überqueren. Vielleicht erkennen wir noch nicht einmal die Bedeutung und Notwendigkeit einer Überquerung. Vor all diesem warnt uns das Sutra.

Nirvana ist die Befreiung aus dem Gefängnis der Anhaftung, vor allem der Anhaftung an Vorstellungen, so auch der Vorstellung von Unbeständigkeit, Nicht-Selbst, Leerheit und Nirvana. Im *Maharatnakuta-Sutra* sagt der Buddha: »Es ist besser, in der Vorstellung, alles existiere, verfangen zu sein als in der Vorstellung von Leerheit. Jemand, der in die Idee verstrickt ist, daß alles existiere, kann davon noch befreit werden; schwierig hingegen ist es, jemanden von der Idee der Leerheit abzubringen, hat er sich einmal in ihr verfangen.« Das gilt ebenso für die Lehren über Unbeständigkeit, Nicht-Selbst, Nirvana und jede andere Lehre. Alle Lehren sind als »geeignete Mittel« gedacht, sind ein Instrumentarium, das uns auf unserem Weg helfen soll. Die Lehren sind keine absolute Wahrheit. Wenn wir nicht wissen, wie wir sie angemessen und mit Geschick nutzen können, werden wir von ihnen versklavt. Dann helfen sie uns nicht, sondern schaden uns nur. Tragen wir unser Floß auf den Schultern, während wir laufen, so überanstrengen wir uns nur; sind wir schließlich zur Überfahrt bereit oder wollen anderen unser Floß zur Verfügung stellen, sind wir dazu nicht mehr in der Lage.

9
DER FINGER, DER AUF DEN MOND DEUTET

Im *Surangama-Sutra* (*Taisho* 945) heißt es: »Benutzt jemand seinen Finger, um einer anderen Person den Mond zu zeigen, und hält diese den Finger dann für den Mond, so wird sie nicht nur den Mond nicht sehen, sondern auch den Finger nicht.« Im *Lankavatara-Sutra* (*Taisho* 640) heißt es: »Alle Lehren in den Sutras sind Finger, die auf den Mond deuten.« Diese deutenden Finger sind nicht der Mond, so wie das Floß auch nicht das andere Ufer ist. Die Lehren des Buddha sind nicht an sich die Erfahrung der Erleuchtung, so wie auch ein Stadtplan von Paris nicht die Stadt Paris ist.

Meister Tai Hsu, ein bekannter chinesischer Meister der zwanziger und dreißiger Jahre dieses Jahrhunderts, unterschied zwischen »Essenz-Lehren« und »bildhaften Belehrungen«. Erstere sind die Essenz der Erleuchtung, die Verwirklichung des Buddha unter dem Bodhi-Baum, die nicht in Worten oder Ideen ausgedrückt werden kann. Als der Buddha im Wildpark zu lehren begann, gab er »bildhafte Belehrungen«; diese gehören in den Bereich des gesprochenen Wortes und der Ideen. Sie sind ein Schatten der Wahrheit, nicht die Wahrheit selbst. Studieren wir sie und erkennen, daß sie bloße Schatten sind, so können wir durch sie die »Essenz-Lehren« berühren, so wie wir auch den Baum finden und berühren können, wenn wir seinem Schatten folgen.

10
DER FASAN

Im *Sutra der Hundert Gleichnisse* (*Taisho* 209) erzählt der Buddha uns eine Geschichte über Worte und Vorstellungen: Ein törichter Mann war krank geworden, und der herbeigerufene Arzt sagte nach der Untersuchung zu ihm, daß nur ein Fasan seine Krankheit heilen könne. Nachdem der Arzt wieder gegangen war, wiederholte der Patient Stund um Stund und Tag um Tag das Wort »Fasan«. Die Monate vergingen, aber er gesundete nicht. Eines Tages nun kam ein Freund zu Besuch, hörte, wie der Mann ohne Unterlaß das Wort »Fasan« wiederholte, und fragte ihn schließlich nach dem Grund. Der Kranke berichtete, was ihm der Arzt gesagt habe. Aus Mitleid nahm der Freund einen Stift und malte einen Fasan. Er zeigte dem törichten Mann das Bild und sagte: »So sieht ein Fasan aus. Du mußt ihn essen, wenn du deine Krankheit heilen willst. Nur das Wort ›Fasan‹ zu wiederholen reicht nicht.« Sobald der Freund gegangen war, nahm der Törichte die Zeichnung in den Mund, kaute und schluckte sie hinunter. Als ihn auch das nicht gesund machte, stellte er einen Künstler ein, der ihm Hunderte von Fasanen malte, und er kaute und schluckte sie alle – doch seine Krankheit verschlimmerte sich nur. Endlich suchte er erneut den Arzt auf.

Als der Arzt erkannte, was geschehen war, empfand er großes Mitleid. Er nahm den Mann an die Hand und ging mit ihm zum Markt. Dort kaufte er zwei Fasane, begleitete den Mann nach Hause und half ihm, sie zuzubereiten. Dann befahl er ihm, sie vor seinen Augen zu verspeisen. Danach endlich war der törichte Mann geheilt.

Wenn wir diese Geschichte hören, denken wir vielleicht, wie unbeschreiblich dumm dieser Mann doch war. Doch wenn wir genauer hinsehen, erkennen wir vielleicht, daß auch wir nicht viel besser sind. Weil es uns an Intelligenz und Klugheit mangelt, studieren wir das Dharma und diskutieren es, um uns zu unterhalten oder um anzugeben. Wir sind nicht entschlossen genug, uns von unseren tiefsten Leiden zu befreien. Wir bleiben den Worten und Ideen verhaftet – in unserem Studium wie in unserer Praxis. Wie wir den Atem zählen, Liebende Güte-Meditation praktizieren oder die Mantras rezitieren – auch hierin kann es uns an Intelligenz und angemessenem Umgang mangeln. Wir können uns in Formen verfangen. Es ist nicht einfach, erwachtes Verstehen zu entwickeln.

11
DIE FESSELN ZERREISSEN

Ziel des *Sutra über die Kenntnis vom besseren Weg, eine Schlange zu fangen* ist nicht, das Schädliche der Sinnesfreuden aufzuzeigen oder die Vorstellungen von Nicht-Selbst, Nirvana und Tathagata zu erläutern, auch wenn hier all diese Vorstellungen erwähnt werden. Der eigentliche Zweck dieses Sutras ist es zu zeigen, wie notwendig das Zerreißen der Fesseln der Anhaftung ist. Der Buddha macht deutlich, warum die Anhaftung an irgend etwas, ja, selbst an seine eigenen Lehren, ein Hindernis darstellt. Darum sagt er: »Laßt alle wahren Lehren los und erst recht die Lehren, die nicht wahr sind.« Das ist die Quintessenz dieses Sutras und aller buddhistischen Lehren. Dieser Geist – dieser Weg, die Fesseln der Anhaftung zu zerreißen – ist das wichtigste Element der buddhistischen Lehren.

Die Fesseln der Anhaftung zu zerreißen ist die einzig wirksame, die intelligenteste Art der Praxis. Wir erforschen das Dharma, um es zu verstehen und zu praktizieren, nicht, um Wissen anzuhäufen. Wissen, das wir nicht mit Geschick nutzen, ist ein Hindernis für unser Verstehen. »Wissen« ist im Sanskrit *jneya* (»das Objekt, das erkannt werden soll«). Die Hindernisse, die durch unser Wissen entstehen, werden manchmal *jneya avarana* genannt. Wir können sie als Vorurteile oder Starrsinn bezeichnen. Nur wenn wir unser Wissen loslassen, sind wir frei, ein tieferes Verstehen zu erreichen. Es ist wie beim Erklimmen einer Leiter: Wenn wir nicht die fünfte Sprosse loslassen können, werden wir nie imstande sein, die sechste zu erreichen. Glauben wir nämlich, daß die fünfte Sprosse die höchstmögliche ist, so bedeutet dies das Ende unseres Hinaufkletterns. Diese Haltung ist also ein Hindernis, das durch (vermeintliches) Wissen geschaffen wurde.

Im *Sutra der Hundert Gleichnisse* erzählt der Buddha die folgende Geschichte: Eines Tages weilte ein junger Vater fern von seinem Haus. Räuber überfielen das Dorf, raubten den Menschen allen Besitz, brannten ihre Häuser nieder und entführten alle Kinder, auch den Sohn des Mannes. Als der Vater in den Ort zurückkehrte, wurde er von Trauer überwältigt. Er fand in den verkohlten Resten seines Hauses den durch die Flammen unkenntlich gewordenen Leichnam eines Kindes und glaubte, es sei der Leichnam seines Sohnes. Er schluchzte, schlug sich an die Brust und vollzog die Rituale zur Einäscherung seines Sohnes. Dann füllte er die Asche in einen bestickten Beutel, den er fortan ständig um seinen Hals trug. Einige Monate später konnte der Sohn den Räubern entkommen und kehrte in das inzwischen wiederaufgebaute Dorf zurück. Gegen Mitternacht klopfte er an die Tür des väterlichen Hauses. Der Vater aber hielt den Beutel mit der Asche, sein Gesicht war tränenüberströmt, und er wollte den Jungen nicht hereinlassen. Der Junge nannte seinen Namen, doch der Mann war überzeugt, daß sein Sohn getötet worden war und daß der Junge an der Tür sich nur über seinen Schmerz lustig machen wollte. Schließlich gab der Junge auf, und Vater und Sohn waren für immer getrennt. Hält uns das Hindernis des Wissens gefangen, so weigern wir uns, die Wahrheit einzulassen, selbst wenn sie an unsere Tür klopft.

12
DONNERNDES SCHWEIGEN

Im *Samyutta-Nikaya* lesen wir über den Besuch des Asketen Vacchagotta beim Buddha. Vacchagotta fragte: »Ehrwürdiger Gautama, bitte sage mir, gibt es ein Selbst?« Der Buddha erwiderte gar nichts. Wieder fragte Vacchagotta: »Dann glaubst du also nicht, daß es ein Selbst gibt?« Der Buddha schwieg weiter. Schließlich ging Vacchagotta fort.

Später fragte Ananda den Buddha: »Verehrter Herr, wenn du uns Dharma-Belehrungen gibst, sprichst du oft von Nicht-Selbst. Warum hast du auf Vacchagottas Frage nach einem Selbst nicht geantwortet?« Der Buddha erwiderte: »Die Lehre über Nicht-Selbst, die ich den Bhikkhus gebe, soll euch als eine Anleitung dienen, in eurer Meditation tief zu schauen. Sie ist keine Ideologie. Machst du sie zu einer Ideologie, so wirst du dich in ihr verfangen. Ich glaube, der Asket Vacchagotta suchte nach einer Ideologie, nicht nach einer hilfreichen Lehre für die Praxis. So blieb ich still. Ich wollte nicht, daß er sich in den Lehren verfängt. Wenn ich zu ihm gesagt hätte, es gibt ein Selbst, so wäre das nicht richtig gewesen. Wenn ich zu ihm gesagt hätte, es gibt kein Selbst, so würde er sich dogmatisch daran festklammern, eine Theorie daraus bilden; und auch das wäre nicht hilfreich. Darum schwieg ich.«

Im *Vimalakirti-Nirdesa-Sutra* (*Taisho* 475) preist der Bodhisattva Manjusri das Schweigen des Laien Vimalakirti als »donnerndes Schweigen«. Es findet Widerhall noch in weitester Ferne, und es hat die Kraft, die Fesseln der Anhaftung zu zerreißen und zur Befreiung zu führen. Es ist wie das Löwengebrüll, das verkündet: »Es ist notwendig, alle wahren Lehren loszulassen und erst recht die Lehren, die nicht wahr sind.« Das ist der Geist, den wir brauchen, um das *Sutra über die Kenntnis vom besseren Weg, eine Schlange zu fangen* zu verstehen.

Die erste Richtlinie des »Orden des Interseins« (Tiêp Hiên) drückt genau diesen Geist aus: »Schaffe dir keine Götzen in Form von Lehrmeinungen, Theorien oder Ideologien, einschließlich der buddhistischen, und hafte nicht an diesen. Buddhistische Denksysteme sind Hilfsmittel zur Orientierung und keine absoluten Wahrheiten.« Lehren, die als starre Lehrmeinungen oder Theorien aufgenommen werden, sind keine Lehren mehr. Sie befreien nicht, und die Person, die sie in dieser Weise auffaßt, hat sich darin verfangen. In den meisten Texten über die Regeln lautet die erste, kein Leben zu nehmen. Nicht zu töten ist aber keine ethische Grundregel, die einzigartig für den Buddhismus wäre. Im Jainismus des nackten Asketen Nigantha zum Beispiel sind die Beschränkungen, die das Nehmen von Leben betreffen, sehr viel strenger gefaßt als im Buddhismus. Doch das Praktizieren der Regel, nicht zu töten, reicht im Buddhismus sehr viel weiter, denn es schließt mit ein, daß wir die Fesseln der Anhaftung an Ideologien zerreißen müssen. Ein Mensch, der in eine Lehrmeinung oder ein Gedankensystem eingebunden ist, kann Millionen von Lebewesen opfern, will er seine Theorie, die er für die absolute Wahrheit hält, für den einzigen Weg, die Menschheit zum Glück zu führen, in die Praxis umsetzen. Mit einem Gewehr in der Hand kann jemand einen, fünf oder sogar zehn Menschen töten. Hält man aber an einer Doktrin oder einem Gedankensystem fest, kann man Zehntausende Menschen töten. Wenn wir also die Regel, kein Leben zu nehmen, nicht so verstehen, daß wir die Fesseln der Anhaftung an Ideologien zu zerreißen haben, dann verstehen wir nicht wirklich das, was uns der Buddha lehrt.

13
NICHT-SELBST

Die Lehre über Nicht-Selbst ist eine der buddhistischen Lehren, die am häufigsten mißverstanden wurde und wird. Der Buddha bezieht sich im *Sutra über die Kenntnis vom besseren Weg, eine Schlange zu fangen* auf diese Lehre, um beispielhaft zu zeigen, wie so viele Menschen, darunter auch gelehrte Brahmanen, seine Lehren falsch verstanden haben. Auf einfache, allgemeine Weise kann »Nicht-Selbst« so erklärt werden, daß es keine einzige Entität gibt, deren Identität unveränderlich ist. Alle Dinge verändern sich fortwährend. Nichts besteht für immer oder enthält ein unveränderliches Element, das man »Selbst« nennen könnte.

Der Buddha erwähnt sechs Grundlagen für unsere Ansichten; sie bilden den Boden, den Grund für unsere Vorstellung von einem Selbst. »Grund« bezeichnet einen Ort, zu dem wir Zuflucht nehmen können; und wenn wir Zuflucht zu Ansichten nehmen, dann kann man das als »Ansichts-Zuflucht« bezeichnen (Pali: *ditthi-nissaya*). Die sechs Grundlagen sind Form (der

Körper), Empfindungen, Wahrnehmungen (oder Ideen), Geistesregungen, Bewußtsein und die Welt. Der Buddha lehrte in vielen seiner Reden: »Der Körper – sei es der Körper der Vergangenheit oder der des gegenwärtigen Momentes, sei es unser eigener Körper oder der eines anderen Wesens, sei er fein oder grob, schön oder häßlich, nah oder fern – dieser Körper gehört mir nicht, das bin ich nicht, er ist nicht das Selbst. Ein Übender sollte darüber meditieren, um die Wahrheit über den Körper zu erkennen.«

Der Buddha lehrte, daß es drei Kategorien falscher Ansichten über das Selbst gibt: (1) *Dieser Körper gehört mir.* Das bedeutet, wir sehen den Körper nicht als mit uns identisch an, sondern als etwas, das zu uns gehört, mit einer eigenständigen Existenz außerhalb oder getrennt von uns. (2) *Dieser Körper, das bin ich.* Dieser Körper und ich sind eins. Dieser Körper ist genau dasselbe wie ich. (3) *Dieser Körper ist das Selbst.* Dieser Körper ist *Atman,* das spirituelle Prinzip, welches als grundlegender Bestandteil des Universums in jedem Wesen, in allen Dingen gegenwärtig ist. Der Körper ist nicht der Besitz eines gesonderten, individuellen Selbst, ist auch nicht ein und dasselbe wie ein abgetrenntes, individuelles Selbst. Er ist die spirituelle Essenz des gesamten Universums.

Zu Lebzeiten des Buddha gab es viele Theorien über das Selbst. In den Texten der Veden und Upanischaden wurde darüber in unterschiedlicher Weise geschrieben. Im alten Brahmanismus finden wir einen Glauben, der dem Pantheismus nahe kommt. Dieser Sichtweise zufolge ist das Selbst (Atman) überall zu finden, und Brahman ist das fortwährende, absolute Element am Anfang und Ende aller Dinge des Universums. Manchmal wird Brahman als »Großes Selbst« (*Mahatman*) oder »Wahres Selbst« (*Paratman*) bezeichnet. In jeder Wesenheit und jedem Individuum ist ein Stück dieses »Großen Selbst« enthalten. Es kann als »Selbst« oder »Kleines Selbst« bezeichnet werden. Dieses

Element ist unwandelbar und absolut. Es wird nicht geboren und kann nicht sterben. Befreiung ist dann erreicht, wenn das »Kleine Selbst« zum »Großen Selbst« zurückkehrt und sich mit ihm vereint. Diese Darstellung ist eine grobe Vereinfachung, aber sie vermittelt den wesentlichen Gehalt dieses Glaubens. In der Literatur der Veden und Upanischaden gibt es sehr viel mehr Theorien über das Selbst; einige davon sind sehr komplex. Das *Brahmajala-Sutta* (D. 1) behandelt dreiundsechzig dieser Theorien. Wenn der Buddha also verkündet, daß dieser Körper nicht das Selbst sei, so müssen wir das im Kontext des brahmanischen Glaubens seiner Zeit verstehen.

Dieser Körper gehört mir nicht, das bin ich nicht, er ist nicht das Selbst. Diese Empfindungen gehören mir nicht, das bin ich nicht, sie sind nicht das Selbst. Das gleiche gilt für Wahrnehmungen, Geistesregungen und das Bewußtsein. So ist jede Daseinsgruppe der Persönlichkeit zu betrachten, und so sind es auch die Fünf Daseinsgruppen zusammengefaßt.

»Was immer wir sehen, hören, wahrnehmen, wissen, geistig erfassen, beobachten oder denken, gegenwärtig oder zu einer anderen Zeit: Das gehört uns nicht, das sind wir nicht, es ist nicht das Selbst.« Nachdem der Buddha die Nicht-Selbst-Natur der fünften Daseinsgruppe, des Bewußtseins, erörtert hat, geht er zur sechsten Grundlage unserer Ansichten über, der Welt. *»Manche Menschen meinen: ›Die Welt ist das Selbst. Das Selbst ist die Welt. Die Welt, das bin ich. Ich werde unverändert weiterbestehen, auch nach meinem Tode. Ich bin ewig. Ich werde niemals verschwinden.‹ Bitte meditiert, damit ihr erkennt: Die Welt ist nicht mein, ich bin nicht die Welt, die Welt ist nicht das Selbst. Betrachtet es ganz genau, damit ihr die Wahrheit über die Welt erkennen könnt.«*

Aus diesem Zitat wird noch einmal ganz deutlich, daß der Buddha sich hier auf den brahmanischen Glauben bezieht, der das Selbst als grundlegenden, unwandelbaren, nicht schwindenden Bestandteil des Universums begreift. Im *Brahmajala-Sutta* sagt der Buddha: »Es gibt Asketen und Brahmanen, die der Denkschule des Eternalismus angehören; hier wird vertreten, das Selbst und das Universum seien eins – fortwährend und unwandelbar (*sassatavada sassatam attanca lokanca pannapenti*).«

Normalerweise beschränkt sich der Buddha darauf, nur von fünf Grundlagen zu sprechen, den Fünf Daseinsgruppen der Persönlichkeit, denn gemäß der buddhistischen Sicht der Dinge ist die Welt bereits in den Fünf Daseinsgruppen enthalten. Die Welt ist ein Objekt des Bewußtseins, daher ist sie Bewußtsein. Ein Objekt des Bewußtseins wird Dharma genannt, und alle Dharmas konstituieren die Welt. Der Grund, weshalb der Buddha hier eine sechste Grundlage anführt, liegt darin, daß er ausführlich über das Verstricktsein in die Vorstellung von Atman als der spirituellen Basis des gesamten Universums sprechen möchte. In der Pali-Version des *Sutra über die Kenntnis vom besseren Weg, eine Schlange zu fangen* lesen wir *»so loko, so atto ...«* Das bedeutet wörtlich: »Dies ist (die) Welt, dies ist (das) Selbst.« Es kann auch verstanden werden als: »Die Welt ist das Selbst, das Selbst ist die Welt.«

Im *Sutra über die Zeichen von Nicht-Selbst* (*Anattalakkhana-Sutta*), der zweiten Rede, die der Buddha nach seiner Erleuchtung hielt, wird gesagt, daß, weil es kein Selbst gibt, die Fünf Daseinsgruppen der Persönlichkeit keinen Bestand und keine Souveränität besitzen. Unsere Fünf Daseinsgruppen wollen vielleicht ewig, unwandelbar und schön sein, aber sie können nicht so sein, wie unser Geist sie gern hätte. Das ist eine der Möglichkeiten, die Lehren über Nicht-Selbst zu erklären. Im selben Sutra sagt der Buddha auch: »Bhikkhus, der Körper ist nicht das Selbst. Wäre der Körper das Selbst, so wäre er nicht die Ursache von Beschwerden, und wir könnten zum Körper sagen: ›Du solltest so sein‹ oder ›Du solltest nicht so sein‹. Das gilt auch für die anderen vier Daseinsgruppen der Persönlichkeit: Empfindungen, Wahrnehmungen, Geistesregungen und Bewußtsein.« In diesem Abschnitt geht der Buddha von einem Selbst als einer absoluten Entität aus, die Souveränität besitzt. Weil es aber keine Souveränität innerhalb der Fünf Daseinsgruppen der Persönlichkeit gibt, kann man sagen, daß innerhalb der Fünf Daseinsgruppen kein Selbst vorhanden ist.

14
DITTHI-NISSAYA (»ANSICHTS-ZUFLUCHT«)

Um geistigen Frieden zu erlangen, frei zu sein von der Angst vor Vernichtung (Nihilismus), neigen die Menschen dazu, sich an die Vorstellung von einem Selbst zu klammern. Das ist ein universelles menschliches Bedürfnis. Auch die geschäftigste Person wird nicht umhin können, ab und zu über Leben und Tod nachzudenken. Vielleicht sterben wir ganz plötzlich und unerwartet, vielleicht zögert sich unser Tod hinaus. Werden wir uns einfach in Nichts verwandeln? Weil wir Menschen uns vor dem Nichts fürchten, klammern wir uns an den Glauben, es gebe ein beständiges, unzerstörbares Selbst. Manchmal suchen wir nach Erklärungen, warum es ein solches Selbst einfach geben müsse. »Ich denke, also bin ich.« Descartes' Ausspruch ist ein Ausdruck dieses Verlangens.

Zudem haben wir das Bedürfnis, dieses Selbst mit etwas zu identifizieren, sei es mit dem Körper, den Empfindungen, Wahrnehmungen, Geistesregungen, dem Bewußtsein oder der Welt. Der Glaube, daß die Welt für immer bestehen werde, die Welt das Selbst sei und dieses Selbst mit der Welt fortbestehen werde, bedeutet ein Anklammern an das Selbst. Den buddhistischen Lehren zufolge ist alles unbeständig. Die Fünf Daseinsgruppen sind unbeständig, und ebenso ist die Welt unbeständig. Nach einem ewigen Selbst zu suchen ist ein fruchtloses Bemühen; es ist so, als nähmen wir Zuflucht zu einer Sandburg. Früher oder später fallen Sandburgen zusammen, und die Suche nach einem ewigen Selbst wird uns am Ende nur ängstigen und erschöpfen, uns Sorgen, Leid und Verzweiflung bringen. Laßt uns noch einmal die folgende Passage aus dem *Sutra über die Kenntnis vom besseren Weg, eine Schlange zu fangen* lesen:

»Ihr Bhikkhus, glaubt ihr, daß die Fünf Daseinsgruppen und das Selbst dauerhaft, unveränderlich und nicht der Zerstörung unterworfen sind?«

»Nein, verehrter Lehrer.«

»Gibt es irgend etwas, woran ihr anhaften könnt, das nicht Sorge, Erschöpfung, Kummer, Leid und Verzweiflung verursacht?«

»Nein, verehrter Lehrer.«

»Kann man denn zu irgendeiner Sichtweise von ›Selbst‹ Zuflucht nehmen, die nicht Sorge, Erschöpfung, Kummer, Leid und Verzweiflung verursacht?«

»Nein, verehrter Lehrer.«

Schaffen wir uns einen Zufluchtsort, an dem wir Zuflucht zu einer Ansicht von »Selbst« nehmen, so wird das im Pali *ditthinissaya* genannt, »Ansichts-Zuflucht«. Solange wir zu Ansichten Zuflucht nehmen, erfahren wir Angst, Leid und Verzweiflung. Wir tun daher gut daran, alle »Ansichts-Zuflucht« aufzugeben. An ein ewiges Selbst zu glauben ist fruchtlos und gefährlich. Verlieren wir eines Tages aus irgendeinem Grund diesen Glauben, so stürzt uns das in tiefste Verwirrung und Verzweiflung. Von einem Extrem, dem Gefangensein in einer Sichtweise, die das Selbst als etwas Ewiges sieht, fallen wir in das andere Extrem, in den Abgrund des Nihilismus, und unsere Verwirrung und unser Leid werden grenzenlos sein. Der folgende Abschnitt des Sutras spricht von dieser Gefahr:

Bei diesen Worten erhob sich ein Bhikkhu, entblößte seine rechte Schulter, legte seine Handflächen ehrerbietig zusammen und fragte den Buddha: »Weltverehrter, können Angst und Besorgnis aus einem inneren Grund entstehen?«

Der Buddha antwortete: »Ja, Angst und Besorgnis können aus einem inneren Grund entstehen. Wenn du denkst: ›Dinge, die in der Vergangenheit nicht existierten, sind auf einmal entstanden, doch nun gibt es sie nicht mehr‹, dann fühlst du dich traurig oder bist verwirrt und verzweifelt. So können Angst und Besorgnis aus einem inneren Grund entstehen.«

Spricht der Buddha hier von »Dingen«, so meint er damit das Selbst: »In der Vergangenheit, bevor meine Mutter mich gebar, existierte ich nicht. Nachdem meine Mutter mich geboren hatte, existierte ich natürlich. Ich glaubte jedenfalls, daß ich existierte. Ungeachtet dessen erkenne ich heute, daß ich nicht existiere. Ich bin überhaupt nichts.« Das bedeutet, wir wechseln von der Verstrickung in den Glauben an Existenz hinüber zu der Verstrickung in den Glauben an Nicht-Existenz, vom Glauben an Beständigkeit zum Glauben an Vernichtung. Das alles sind extreme Sichtweisen. Die Einsicht des Buddha geht über diese Extreme hinaus; so können wir auf dem Mittleren Weg verbleiben, und dieser Weg ist: weder Existenz noch Nicht-Existenz, weder Beständigkeit noch Vernichtung.

»Dinge« bezieht sich hier auf das Selbst, an das wir uns klammern. (Wenn ein Kommentator vorschlägt, »Dinge« als die materiellen Opfergaben an die Bhikkhus zu verstehen, so ist das nicht richtig und deutet darauf hin, daß der Autor die Schlange am falschen Ende fing.) »Dinge« könnte auch der Glaube an eine Seele oder einen Himmel sein. Ohne einen solchen Glauben fühlen wir uns schnell verwirrt, mit ihm fühlen wir uns dagegen getröstet, und so klammern wir uns daran. Doch ist unser Festhalten auch stets von Angst oder Sehnsucht begleitet, und wenn wir eines Tages eine tiefgreifende Veränderung oder einen Verlust erfahren, kann das unseren Glauben unterminieren und unser Leiden unerträglich machen. Wir fühlen uns traurig und sind vollkommen verwirrt und verzweifelt. Der Buddha fragt: *»Gibt es irgend etwas, woran ihr anhaften könnt, das nicht Angst, Erschöpfung, Kummer, Leid und Verzweiflung verursacht?«*

15
WIE MAN DIE LEHREN ÜBER NICHT-SELBST PRAKTIZIERT

Wenn wir die wahre Natur des Nicht-Selbst erkennen, können wir alle Grundlagen für unsere Ansichten loslassen. Wir brauchen uns nicht länger an irgend etwas zu klammern oder uns mit irgend etwas zu identifizieren, und so geraten wir auch nicht mehr in Zustände von Verwirrung, Angst oder Kummer. Wir müssen aber unsere ganze Intelligenz, all unser Geschick aufbieten, um diese Lehren über Nicht-Selbst richtig in uns aufzunehmen. Tun wir das nicht, können sie uns verwirren, ängstigen und bekümmern, besonders in Zeiten des Umbruchs oder Verlusts. Fassen wir die Lehren über Nicht-Selbst falsch auf, glauben wir möglicherweise, es ginge in ihnen um Nihilismus und Zerstörung, dann kann Verzweiflung uns überwältigen. Glauben wir, die Welt sei ein Selbst, wir seien dieses Selbst und würden so lange Bestand haben, wie die Welt existiert, so müssen wir ja in einen Zustand der Verwirrung geraten, wenn wir die buddhistische Lehre über Nicht-Selbst hören und gar nicht darauf vorbereitet sind. Aus dem Gefängnis der Sicht, daß alles existiere, stürzen wir in das der Ansicht, daß nichts existiere. Erst gefangen in der Sicht, daß alles beständig sei, klammern wir uns nun an die Ansicht, daß alles nicht-existent sei. Die Lehren über Nicht-Selbst sind keineswegs Theorien über Nihilismus oder Zerstörung; wenn wir sie als solche verstehen, haben wir die Schlange am Schwanzende gepackt. Ein Brahmane konnte sehr wohl in diesen Zustand geraten. Von seinem Glauben an ein Selbst konnte er leicht in die Verwirrung des Nihilismus und Nichtseins hinabstürzen.

»Weltverehrter, können Angst und Besorgnis auch aus einem äußeren Grund entstehen?«

Der Buddha lehrte: »Angst und Besorgnis können auch aus einem äußeren Grund entstehen. Du denkst vielleicht: ›Das ist das Selbst. Dies ist die Welt. Das bin ich. Ich werde immer sein.‹ Dann triffst du den Buddha oder einen Schüler, eine Schülerin des Buddha, der oder die das Verständnis und die Intelligenz besitzt, dich zu lehren, wie du alle Sichtweisen der Anhaftung an den Körper, das Selbst und die Objekte des Selbst loslassen und damit Stolz, die inneren Fesseln und das unnötige Verströmen der Lebensenergie aufgeben kannst. Und du denkst nun: ›Das ist das Ende der Welt. Ich muß alles aufgeben. Ich bin nicht die Welt. Ich bin nicht ich. Ich bin nicht das Selbst. Ich werde nicht immer sein. Wenn ich sterbe, werde ich vollkommen ausgelöscht sein. Es gibt nichts, worauf ich mich freuen, worüber ich froh sein, woran ich mich erinnern könnte.‹ Und nun fühlst du dich traurig und bist verwirrt und verzweifelt. So können Angst und Besorgnis aus einem äußeren Grund entstehen.«

Wir können den Glauben an das Vorhandensein eines Selbst aus Gründen verlieren, die in uns liegen. Wenn wir die Lehren über Nicht-Selbst hören, können wir diesen Glauben aber auch aus Gründen verlieren, die außerhalb unserer selbst liegen. Hören wir die Lehren und verlieren daraufhin den Glauben an ein Selbst, so sind wir wie jemand, der beim Versuch, die Schlange zu fangen, von ihr gebissen wird. Das ist das Thema dieses Sutras.

Haben wir das Sutra so weit gelesen, können wir verstehen, wie es möglich ist, daß so viele Menschen die Lehren über Nicht-Selbst falsch aufgefaßt haben. Wir haben erfahren, daß es innerhalb der Fünf Daseinsgruppen der Persönlichkeit und der Welt (als sechster Grundlage) nichts gibt, das nicht der Veränderung unterworfen ist. Aber wir sollten beachten, daß der Buddha an keiner Stelle lehrt, die Fünf Daseinsgruppen und die Welt seien nicht-existent. Das Zusammenkommen der Fünf Daseinsgruppen ist eine Existenz, wenn sie auch eine unbeständige und selbst-lose Existenz ist. Dieses Sein ist unbeständig und selbst-los und kann daher in seiner Essenz weder als seiend noch als nichtseiend, weder als ewig noch als der Vernichtung anheimfallend beschrieben werden. Die Fünf Daseinsgruppen und die Welt transzendieren die vier Kategorien von Sein (*bhava*), Nichtsein (*abhava*), Beständigkeit (*sassata*) und Vernichtung (*uccheda*). Das ist die Lehre des Buddha vom Mittleren Weg. Sie wird in vielen Sutras der südlichen wie der nördlichen Tradition ausgeführt. Der folgende Abschnitt aus dem *Sutra über den Mittleren Weg* kann diesen Punkt weiter erhellen: »Wenn jemand das Entstehen der Welt beobachtet, ist er nicht in die Vorstellung verstrickt, die Welt existiere nicht. Wenn jemand das Schwinden der Welt beobachtet, ist er nicht in die Vorstellung verstrickt, die Welt existiere. Kaccayana, in der Welt gibt es zwei extreme Ansichten: die Ansicht vom Sein und die Ansicht vom Nichtsein. Der Tathagata ist in keine dieser Ansichten verstrickt. Er lehrt das Dharma des Mittleren Weges.« (Sutra 301, *Samyukta-Agama* entspricht dem *Kaccayanagotta-Sutta, Samyutta-Nikaya* II, 16–17.)

16
DAS NICHT-ZU-ERGREIFENDE UND NICHT-ZU-VERANKERNDE

Im *Sutra über die Kenntnis vom besseren Weg, eine Schlange zu fangen* werden die Lehren über Nicht-Selbst im Kontext des brahmanischen Glaubens an ein Selbst (Atman) beschrieben.

Innerhalb der buddhistischen Gemeinschaft sprach der Buddha gewöhnlich über das Selbst, indem er die drei verschiedenen Weisen, in Ansichten über das Selbst verstrickt zu sein, erörterte: (1) Selbst (ich), (2) Objekt eines Selbst (mein) und (3) das Selbst innerhalb von etwas oder etwas innerhalb eines Selbst. Um das zu verstehen, können wir als Beispiel den Körper betrachten.

1. *Ich bin dieser Körper.* Wir identifizieren uns mit unserem Körper. »Ich bin der Körper. Der Körper ist ich.«

2. *Dieser Körper gehört mir.* Ich und der Körper sind nicht identisch. Der Körper ist mein Besitz, so wie mein Name, meine Habe oder mein Bankkonto.

3. *Ich bin in diesem Körper, der Körper ist in mir.* Der Körper ist nicht ich, aber ich bin in diesem Körper gegenwärtig. Ich bin nicht der Körper, aber der Körper ist in mir. Das Selbst liegt im Körper, und der Körper liegt im Selbst. Im Chinesischen wird dies *xiang zai* genannt, »wechselseitiges Ineinander-Enthaltensein«. Diese Ansicht ist die spitzfindigste, und daran anknüpfend entwickelten einige spätere buddhistische Schulen die Vorstellung, das Selbst sei nicht die Fünf Daseinsgruppen, aber außerhalb der Fünf Daseinsgruppen könne das Selbst nicht existieren.

Diese drei Kategorien (des Gefangenseins in Ansichten über ein Selbst) werden in vielen Sutras erwähnt, die vor allem im *Samyukta-Agama* und im *Samyutta-Nikaya* zu finden sind. Sie bezeichnen drei Fallen, in die wir geraten können. Haben wir die ersten beiden Fallen vermieden, können wir immer noch in die dritte Falle, die sehr viel subtiler ist, hineinstürzen. In all den verschiedenen Traditionen gibt es immer wieder Buddhisten, die nach einer Grundlage für ihre Ansichten suchen, um doch noch ein ganz subtiles Gefühl von Selbst entwickeln zu können; denn das Bedürfnis, sich an ein Selbst zu klammern, ist, wie wir wissen, sehr mächtig. Das *Sutra über die Kenntnis vom besseren Weg, eine Schlange zu fangen* ist insofern einzigartig, als es eine sechste Grundlage für unsere Ansichten erwähnt: »Die Welt ist das Selbst.« Dies ist die vierte Falle, sie folgt auf die dritte, die Auffassung vom wechselseitigen Ineinander-Enthaltensein, *xiang zai*. Der Buddha lehrt, daß die Vorstellung von »ich« als Grundlage die Vorstellung von »mein« oder »mir gehörig« hat und daß die Vorstellung von »mein« aus der »Ich«-Vorstellung erwächst. Beides sind falsche Auffassungen, ohne jede Basis; daher können sie in der Wirklichkeit weder verankert noch ergriffen werden. Versuchen wir die Vorstellung von einem Selbst in der Realität zu verankern und uns daran zu klammern, so bringen wir nur Leid und Verzweiflung über uns. Die vier Fallen oder Wege, ein Selbst zu begründen, sind also nur Dunstschleier falscher Wahrnehmungen – innere Fesseln, die für unser gegenwärtiges und zukünftiges Leiden verantwortlich sind.

Das ist die Lehre des Buddha:

»Zu jeder Vorstellung von einem Selbst gehört auch immer eine Vorstellung davon, was zu diesem Selbst gehört. Ohne eine Vorstellung von einem Selbst gibt es auch keine davon, was zu diesem Selbst gehört. Ein Selbst und das, was zu ihm gehört – diese beiden Sichtweisen sind in dem Versuch begründet, nach Dingen zu greifen, die nicht ergriffen werden können, und Dinge zu verankern, die nicht zu verankern sind. Solche falschen Auffassungen binden uns; innere Fesseln entstehen genau dann, wenn wir uns in Vorstellungen verfangen, die weder ergriffen noch verankert werden können, da sie in der Wirklichkeit jeder Grundlage entbehren.«

Die Fünf Daseinsgruppen und die Welt haben ihre eigene Soheit, ihr eigenes So-sein. Unsere Ideen über die Fünf Daseinsgruppen entstehen im Vorstellungsrahmen von Existenz – Nicht-Existenz, Beständigkeit – Zerstörung und so weiter. Diese Vorstellungen können die Wirklichkeit nicht umfassen oder festhalten, so wie auch ein Netz den Raum weder umschließen noch festhalten kann. Das ist gemeint, wenn es heißt »kann nicht ergriffen werden« oder »kann nicht verankert werden«. Trotz der unschätzbaren Bedeutung dieser Lehre wurde sie weder von der Sarvastivada- noch von der Tamrasatiya-Schule des Buddhismus vollkommen erschlossen.

17
NIRVANA

Auch die Lehre über Nirvana kann sehr leicht mißverstanden werden. Die grundlegende Bedeutung von Nirvana ist »Erlöschen« oder »eine Flamme auslöschen«. Es bedeutet, die Flamme von Kummer, Leiden und Haß auszulöschen. Es bedeutet das Erlöschen aller Vorstellungen und Ideen über Existenz, Nicht-Existenz, Beständigkeit, Zerstörung, Unbeständigkeit, Nicht-Selbst, den Mittleren Weg, Nicht-Ergreifbarkeit, Samsara und sogar Nirvana selbst. Desungeachtet verstehen viele Menschen Nirvana weiterhin als einen Zustand des Nichtseins und der Vernichtung. Bei den Lehren über Nirvana wird die Schlange häufig an ihrem Schwanzende gepackt.

Im *Sutra über die Kenntnis vom besseren Weg, eine Schlange zu fangen* lesen wir: *»Denkt ein Bhikkhu über die sechs Grundlagen für falsche Ansichten nach und es entsteht in ihm nicht mehr die Vorstellung von ich oder mein, so ist er nicht mehr an dieses Leben gekettet. Da er nicht länger an dieses Leben gekettet ist, hat er keine Angst. Ohne Angst zu sein bedeutet, Nirvana zu erreichen. Solch einen Menschen beunruhigen Leben und Tod nicht mehr; das heilige Leben ist gelebt worden; was getan werden mußte, ist getan; keine künftigen Geburten oder Tode wird es mehr geben. Dieser Mensch kennt nun die Wahrheit der Dinge, so wie sie sind.«*

»Nirvana« wird hier definiert als:

1. Die Lehren über Nicht-Selbst in der Praxis verwirklicht haben (»... *das heilige Leben ist gelebt worden; was getan werden mußte, ist getan*«).

2. Rechtes Verstehen erlangt haben (»*Dieser Mensch kennt nun die Wahrheit der Dinge, so wie sie sind*«).

3. Dem Kreislauf von Geburt und Tod ein Ende bereiten können (»*Solch einen Menschen beunruhigen Geburt und Tod nicht mehr*«).

4. Keine Angst haben (»*Er hat keine Angst*«).

Nachdem der Buddha Nirvana definiert hat, erläutert er dessen charakteristische Merkmale noch etwas näher: »*Ein solcher Bhikkhu hat den Burggraben aufgefüllt, ihn überquert, die feindliche Zitadelle zerstört und die Tür aufgebrochen – er blickt nun direkt in den Spiegel des höchsten Verstehens hinein.*« Er beschreibt Nirvana hier als einen Kampf um Befreiung, als einen Sieg und die vollständige Zufriedenheit desjenigen, der zu vollkommenem Verstehen gelangt ist.

Laßt uns weiterlesen:

»Was bedeutet ›den Burggraben auffüllen‹? Es bedeutet, das Wesen der Unwissenheit zu erkennen und klar zu verstehen. Unwissenheit ist mit Stumpf und Stiel ausgerottet – nie mehr kann sie neu erwachsen.

Was bedeutet ›den Burggraben überqueren‹? Es bedeutet, das Wesen von Werden und Verlangen zu erkennen und klar zu verstehen. Werden und Verlangen sind entwurzelt und vernichtet – nie mehr können sie neu erwachsen.

Was bedeutet ›die feindliche Zitadelle zerstören‹? Es bedeutet, das Wesen des Kreislaufs von Leben und Tod zu erkennen und klar zu verstehen. Der Kreislauf von Geburt und Tod ist bis in den Grund zerstört und zertrümmert – nie mehr kann er von neuem entstehen.

Was bedeutet ›die Tür aufbrechen‹? Es bedeutet, das Wesen der fünf niederen inneren Fesseln zu erkennen und klar zu ver-

stehen. Die fünf niederen inneren Fesseln sind herausgerissen und vernichtet – sie können nicht wieder entstehen.

Was bedeutet ›direkt in den Spiegel des höchsten Verstehens blicken‹? Es bedeutet, das Wesen des Stolzes zu erkennen und klar zu verstehen. Der Stolz ist ausgelöscht und vernichtet – niemals mehr kann er entstehen.«

Stolz entsteht durch das Gefangensein in der Vorstellung von einem Selbst. *»Direkt in den Spiegel des höchsten Verstehens blicken«* bedeutet Befreiung aus dem Gefängnis dieser Vorstellung von einem Selbst.

18
TATHAGATA

Obwohl der Buddha, wie wir gesehen haben, Nirvana in ganz konkreten Begriffen beschrieb, wurde er oft falsch verstanden – man schrieb ihm nihilistische Sichtweisen und Vorstellungen von Auslöschung und Vernichtung zu. Menschen mißverstanden ihn, weil sie glaubten, alles würde aufhören zu existieren, wenn Nirvana erreicht wäre. Ein Blatt wäre dann kein Blatt mehr, eine Blume keine Blume, und eine Person wäre keine Person mehr, so als hätte sich alles in den leeren Raum hinein aufgelöst, entzöge sich jeder Beschreibung. Dabei hat der Buddha niemals gesagt, Nirvana sei ein Riesenloch aus Nichts. Nirvana zu verwirklichen bedeutet, nicht verfangen zu sein in Vorstellungen von Geburt und Tod, Sein und Nichtsein, eins und viele, Kommen und Gehen. Wer in Nirvana verweilt, ist ein oder eine Tathagata.

»Tathagata« bedeutet etwas sehr Tiefgründiges und Wundervolles. Dies wurde weder in der Sarvastivada- noch in der Tamrasatiya-Tradition besonders hervorgehoben oder weiterentwickelt. Dem *Vajracchedika-Prajnaparamita-Sutra* (*Taisho* 235) zufolge ist der oder die Tathagata eine Person, die von nirgendwoher kommt und nirgendwohin geht. An anderer Stelle wird gesagt, der Tathagata komme aus der Soheit und kehre zur Soheit zurück. Auch hiermit wird beschrieben, daß der oder die Tathagata weder kommt noch geht, denn er oder sie verwirklicht den Weg und verweilt in Nirvana.

Im *Sutra über die Kenntnis vom besseren Weg, eine Schlange zu fangen* sagt der Buddha: *»Tathagata ist eine edle Quelle der Frische und Kühle. Es gibt keine große Hitze und keinen Kummer in diesem Zustand.«* Tathagata hat die Freude von Frieden, Freiheit und Glück. So wie Nirvana kann auch Tathagata nicht eingeschränkt werden auf Kategorien wie Geburt und Tod, Sein und Nichtsein, eins und viele, Kommen und Gehen. Man wird Tathagata niemals in Vorstellungen und Konzepten finden, nicht einmal Indra oder Prajapati, der König der Götter, oder etwa Brahma, wenn sie danach suchten. In den Mahayana-Schriften wird zunächst im *Prajnaparamita-* und im *Maharatnakuta-Sutra* und später im *Avatamsaka-* und im *Vimalakirti-Nirdesa-Sutra* das Bemühen deutlich, die Lehren des Mittleren Weges darzustellen – als Hilfe für die Menschen, sich nicht in Vorstellungen von Nichts und Auslöschung zu verfangen. Das *Madhyamika-Sastra* des Nagarjuna hat dasselbe Ziel, wenn darin die acht Charakteristika, die nicht der Mittlere Weg sind, dargelegt werden: Geburt, Tod, Beständigkeit, Unbeständigkeit, Einheit, Verschiedenheit, Kommen und Gehen.

Im *Aniruddha-Sutta* (*Samyutta-Nikaya,* 22, 6) ist folgende Begebenheit verzeichnet: Eine kleine Gruppe umherziehender Asketen traf auf den Bhikkhu Aniruddha. Die Asketen fragten ihn, ob der Tathagata nach seinem Tod (1) weiterhin existiert, (2) aufhört zu existieren, (3) sowohl weiterhin existiert als auch aufhört zu existieren oder (4) weder weiterhin existiert noch aufhört zu existieren. Aniruddha erklärte, daß keiner der vier Vorschläge die Wahrheit über den Tathagata ausdrücke. Die

Asketen nahmen nun an, er sei entweder nicht gerade intelligent oder aber mit der Praxis noch wenig vertraut, und verließen ihn daraufhin. Bei seiner Rückkehr zum Kloster erzählte Bhikkhu Aniruddha dem Buddha, was geschehen war, und bat ihn um seine Antwort. Der Buddha fragte Aniruddha, ob er den Tathagata in der körperlichen Form, den Empfindungen, Wahrnehmungen, Geistesregungen oder im Bewußtsein finden könne. Der Bhikkhu antwortete, er könne dies nicht. Darauf fragte der Buddha ihn, ob er den Tathagata denn außerhalb der körperlichen Form, der Empfindungen, Wahrnehmungen, Geistesregungen oder des Bewußtseins finden könne, und wieder verneinte Aniruddha. Der Buddha sagte daraufhin: »Bhikkhu Aniruddha, wenn du den Tathagata nicht finden kannst, während er noch hier ist, wie kannst du dann erwarten, ihn nach seinem Tode innerhalb dieser vier vorgeschlagenen Möglichkeiten zu finden?«

In der chinesischen Fassung des *Sutra über die Kenntnis vom besseren Weg, eine Schlange zu fangen* sagt der Buddha: *»Indra, Prajapati, Brahma und auch die anderen Götter in ihrem Gefolge vermögen, so genau sie auch hinschauen mögen, keinerlei Spur oder Grundlage für das Bewußtsein eines Tathagata zu finden.«* In der Pali-Version steht: »Ich sage, daß es genau hier und jetzt unmöglich ist, irgendeine Spur des Tathagata zu finden« (*ditth' ev' aham, bhikkhave, dhamme Tathagatam annuvejjo 'ti vadami*). In der Pali-Version schließt der Buddha mit den Worten: »In früheren Zeiten und auch heute noch spricht der Tathagata nur über das Leiden und den Weg, das Leiden umzuwandeln.« Der Buddha wollte mit der Suche nach Kategorien und Ideen über die Wirklichkeit keine Zeit verschwenden. Seiner Ansicht nach konnte eine solche Suche für niemanden hilfreich sein und nie zum Abschluß gebracht werden. Die acht Verneinungen[15] des Mittleren Weges, die Nagarjuna anführt,

15 Die acht Verneinungen sind: keine Geburt, kein Tod, keine Beständigkeit, keine Vernichtung, keine Einheit, keine Verschiedenheit, kein Kommen, kein Gehen.

werden bereits ganz klar und deutlich in diesen frühen buddhistischen Sutras zum Ausdruck gebracht.

Damit die Menschen nicht in den Abgrund des Nichts und der Auslöschung hineinstürzen, spricht das *Mahaparinirvana-Sutra* von Beständigkeit, Freude, Souveränität und Reinheit als den vier charakteristischen Eigenschaften des Nirvana. Diese vier Vorstellungen wurden ja nun als die vier grundlegenden falschen Auffassungen betrachtet, als die vier verdrehten oder verkehrten Ansichten; das *Mahaparinirvana-Sutra* belehrt uns aber anders, um uns von unseren Ideen über Nichts und Auslöschung zu befreien – als Heilmittel gleichsam gegen Schlangenbisse.

19
ÜBER DEN UMGANG MIT FALSCHEM VERSTEHEN

In jedem Zeitalter und an jedem Ort gab und gibt es Menschen, die die Lehren des Buddha falsch verstanden haben. Wie kann man auf dieses Mißverstehen reagieren? Der Buddha spricht darüber im letzten Teil des Sutras:

»Wenn Einsiedler und Brahmanen mich hören, werden sie mich vielleicht verleumden und behaupten, ich spreche nicht die Wahrheit; sie könnten sagen, der Mönch Gautama vertrete eine Theorie des Nihilismus und lehre absolute Nicht-Existenz, wo doch Lebewesen in Wirklichkeit existierten. Ihr Bhikkhus, der Tathagata hat niemals das gelehrt, was sie behaupten.« Obwohl der Buddha ganz deutlich sagt, daß er Theorien des Nihilismus und der Vernichtung nicht befürwortet, beschuldigen ihn Menschen seit 2600 Jahren, genau das zu tun.

Die Lehren des Buddha können deshalb so leicht mißverstanden werden, weil sie sehr tiefgründig sind. Der Buddha hat niemals behauptet, Lebewesen existierten nicht, aber einige seiner Aussagen wurden von Menschen aller Zeiten so verstanden, als lehre er dies. Im *Vajracchedika-Prajnaparamita-Sutra* sagt der Buddha zum Beispiel: »Wenn ein Bodhisattva denkt, es gebe tatsächlich fühlende Wesen, dann ist er noch kein echter Bodhisattva.« Hier spricht der Buddha über Nicht-Selbst. Im Lichte des abhängigen Entstehens können fühlende Wesen nämlich nur existieren, weil es nicht-fühlende Wesen gibt. Es wäre falsch zu glauben, fühlende Wesen könnten gesondert von der nichtfühlenden Welt leben. Der Buddha möchte uns helfen, die Vorstellung von einem unabhängigen, eigenständigen Lebewesen zu transzendieren; sie gehört zu den vier Vorstellungen: Selbst, Lebewesen, Person und Lebensspanne. Doch kaum öffnet der Buddha den Mund, schon wird er mißverstanden. Darum ist in der Mahayana-Tradition der Ausspruch des Buddha überliefert: »In fünfundvierzig Jahren habe ich überhaupt nichts gesagt.« Das bedeutet: »Bitte, werdet nicht zu Gefangenen meiner Worte.« Mit seinem Schweigen als Antwort auf die Frage Vacchagottas meint er dasselbe.

Wie können wir nun Menschen gegenübertreten, die uns zu Unrecht beschuldigen, uns tadeln oder verleumden? Der Buddha empfiehlt uns, auch hier die Lehren über Nicht-Selbst in die Praxis umzusetzen. Praktizieren wir im Geiste des Nicht-Selbst, so können uns falsche Anschuldigungen, Tadel und Verleumdung nicht verletzen. Sind wir in Kontakt mit dem Nicht-Selbst, erkennen seine Natur, dann sind uns die Prinzipien des Entstehens in Abhängigkeit stets bewußt, denn Entstehen in Abhängigkeit und Nicht-Selbst sind eins. Alle Dinge entstehen aufgrund ihrer wechselseitigen Abhängigkeit, und deshalb hat auch nichts eine abgetrennte, unabhängige Identität. Es sind unsere Verblendung und unser Haß, die uns einander beschuldigen, tadeln oder verleumden lassen. Wir alle sind ein Produkt unserer jeweiligen Familie, Umgebung, Freundschaften, Erziehung, Kultur und Gesellschaft. Diese Bedingungen führen dazu, daß wir die Dinge in bestimmter Weise betrachten und auf sie reagieren. Erkennen wir das, so entwickeln wir Mitgefühl für alle, auch für uns selbst. Wir sehen, daß wir einem Menschen, den wir verändern möchten, auch dabei helfen müssen, seine Familie, Umgebung, Freundschaften, Erziehung, Kultur und Gesellschaft zu verändern. Direkt oder indirekt sind wir verantwortlich für das Bewußtsein und die Haltung jedes anderen Menschen. Erkennen wir, welche Bedingungen das Bewußtsein und die Haltung einer anderen Person geformt haben, wissen wir, wie wir ihr helfen können. Wir werden nicht ärgerlich oder weisen ihr die Schuld zu. Im Gegenteil, wir suchen nach Möglichkeiten, wie sie sich zum Beispiel von den Beschränkungen durch die Umgebung, die ihr Bewußtsein in einer bestimmten Weise geformt haben, befreien kann.

Mit dieser Einsicht können wir für andere nur Mitgefühl empfinden und sie akzeptieren. Wie könnten wir uns noch länger als Objekt von falschen Anschuldigungen, von Tadel und Verleumdung betrachten? Selbst wenn man uns schlägt oder ermordet – schauen wir ganz genau hin und entwickeln solch ein Mitgefühl, so wird unser Herz voller Liebe sein; wir empfinden nicht einmal den Hauch von Wut, Haß oder Rachegefühlen. Wenn wir uns nicht mit den Fünf Daseinsgruppen Körper, Empfindungen, Wahrnehmungen, Geistesregungen und Bewußtsein identifizieren, dann berühren uns die Anschuldigungen, Maßregelungen und Verleumdungen anderer gar nicht. Der Buddha sagt: »*Spazierte jemand auf diesem Klostergelände umher und sammelte tote Äste und trockenes Gras, um es mit nach Hause zu nehmen, zu verbrennen oder anderweitig zu nutzen, sollten wir da denken, daß wir es sind, die nach Hause mitgenommen, die verbrannt oder anderweitig verwendet werden?*«

Wenn uns Kritik, falsche Beschuldigungen und Verleumdung nichts anhaben, uns nicht ärgerlich oder rachsüchtig machen können, wie ist es dann aber mit Geschenken, Verehrung, Lob und Respekt? Machen sie uns stolz und überheblich? Die Antwort ist wieder nein – nicht, wenn wir frei sind von Vorstellungen über *ich* und *mein*.

Der Buddha lehrt: *»Respektiert und ehrt jemand den Tathagata oder bringt ihm Opfergaben, so empfindet der Tathagata deswegen keine besondere Freude. Er denkt lediglich, daß jemand so handelt, weil der Tathagata die Frucht des Erwachens und der Umwandlung erlangt hat.«*

Kein Mensch kann von den »acht Winden« – Gewinn, Verlust, Schande, Lob, Schmeichelei, Ungnade, Schmerz und Freude – zu Fall gebracht werden, der die Lehren über Nicht-Selbst erkannt und verwirklicht hat. Im letzten Abschnitt dieses Sutras sagt der Buddha: *»Die wahren Lehren sind erhellt und den Menschen- und Götterwelten zugänglich gemacht worden, ohne daß etwas fehlte. Durchdringt jemand mit rechtem Verstehen diese Lehren, so wird das von unermeßlichem Wert sein. Gelang es einer Person noch vor dem Scheiden aus diesem Leben, die fünf niederen inneren Fesseln vollkommen umzuwandeln, so wird sie im nächsten Leben in einer höheren Welt Nirvana erreichen. Sie hat den Zustand der Nie-Wiederkehr erreicht und wird nicht mehr in den Kreislauf von Geburt und Tod zurückkehren. War eine Person noch vor dem Scheiden aus diesem Leben imstande, die drei niederen inneren Fesseln umzuwandeln und Begierde, Haß und Unwissenheit weitgehend zu überwinden, so wird sie nur noch einmal in die Götter- oder Menschenwelt zurückkehren, um endgültige Befreiung zu finden. War eine Person noch vor dem Scheiden aus diesem Leben fähig, die Frucht des Stromeintritts zu erlangen, so wird sie nicht erneut großes Leid auf sich nehmen müssen und wird gewiß den Weg des rechten Erwachens beschreiten. Noch siebenmal in die Götter- oder*

Menschenwelt hineingeboren, wird sie schließlich den Ort der Befreiung erreichen. Vertraut eine Person vor dem Scheiden aus diesem Leben darauf, die Lehren zu verstehen, so wird sie in einer gesegneten Welt wiedergeboren und dort auf dem Weg zum höchsten Erwachen voranschreiten.«

20
SCHLUSSBEMERKUNGEN

Das *Sutra über die Kenntnis vom besseren Weg, eine Schlange zu fangen* ist sehr wichtig. Wir haben glücklicherweise Fassungen aus zwei unterschiedlichen Schulen: die Pali-Version der Tamrasatiya-Schule und die chinesische Version der Sarvastivada-Schule. Vergleichen wir sie miteinander, so entdecken wir etwas, das den ursprünglichen Worten des Buddha nahe sein dürfte. Es ist wunderbar, diese Lehren zu empfangen.

Im Juni 1992 bot ich in Plum Village in Frankreich ein Retreat an zu dem Thema: »Vipassana in der Mahayana-Tradition.« Wir begannen das Retreat mit dem *Sutra über die Kenntnis vom besseren Weg, eine Schlange zu fangen* und empfanden es als eine ausgezeichnete Einführung in die Lehren des Mahayana. Die Offenheit, das Nicht-Anhaften an Ansichten und das Spielerische, das in diesem Sutra zum Ausdruck kommt, waren genau das, was wir als Dharma-Tor brauchten, um in das Reich des Mahayana – die Gedanken und die Praxis – zu treten. Es ist ganz natürlich, vom *Sutra über die Kenntnis vom besseren Weg, eine Schlange zu fangen* überzugehen zum *Vajracchedika-Prajnaparamita-Sutra,* dem *Maharatnakuta-Sutra,* dem *Vimalakirti-Nirdesa-Sutra,* dem *Avatamsaka-Sutra* und dem *Saddharma-Pundarika-Sutra.*

Solche Texte zu untersuchen, wie beispielsweise das *Sutra über die Kenntnis vom besseren Weg, eine Schlange zu fangen* oder das *Sutra der Kenntnis des besseren Weges, allein zu leben*, kann uns helfen, Weite und frischen Wind in die Studien und die Praxis des Sutta-Pitaka der Sravaka-Tradition zurückzubringen. In meinen Schlußbemerkungen zu *Alter Pfad – Weiße Wolken* sagte ich: »Mahayana-Sutras bieten eine freiere und offenere Art und Weise an, die grundlegenden Lehren des Buddhismus zu betrachten und zu verstehen. Dies kann eine Versteinerung der Lehren verhindern, die aus einer beschränkten oder rigiden Weise des Lernens und Übens entstehen könnte. Mahayana-Texte helfen uns, die Tiefen der Nikaya- und Agama-Texte zu entdecken. Sie sind wie ein Licht, das auf ein Objekt unter dem Mikroskop gerichtet wird, ein Objekt, das durch künstliche Mittel der Bewahrung irgendwie verzerrt ist. Natürlich sind die Nikayas und Agamas der ursprünglichen Form der Lehre des Buddha näher, doch auch sie wurden durch das Verständnis und die Praxis der Traditionen verändert und modifiziert, durch die sie gegangen sind. Gelehrte und Übende der heutigen Zeit sollten fähig sein, den ursprünglichen Buddhismus aus den verfügbaren Texten der Südlichen wie der Nördlichen Tradition zu rekonstruieren. Wir müssen mit den Texten beider Traditionen vertraut sein.«

Bücher von Thich Nhat Hanh

Alter Pfad – Weiße Wolken
Leben und Werk des Gautama Buddha
ISBN 3-89620-059-3

Das Diamant-Sutra
Kommentare zum Prajñaparamita Diamant-Sutra
ISBN 3-89620-066-6

Donnerndes Schweigen
Das Sutra über die Kenntnis vom besseren Weg, eine Schlange zu fangen
erscheint Frühjahr 1995
ISBN 3-89620-073-9

Einssein
Kommentare zu den Tiêp Hiên Regeln
ISBN 3-89620-054-2

Innerer Friede – Äußerer Friede
ISBN 3-89620-019-4

Der Klang des Bodhibaums
Anrufungen, Meditationen, Lieder
erscheint Herbst 1995
ISBN 3-89620-069-0

Mit dem Herzen verstehen
Kommentare zu dem Prajñaparamita Herz Sutra
ISBN 3-89620-028-3

Theseus Verlag

Bücher von Thich Nhat Hanh

Die Sonne, mein Herz
ISBN 3-89620-026-7

Das Sutra des bewußten Atmens
Kommentare zu dem Anapanasati Sutra
ISBN 3-89620-030-5

Über die Worte Buddhas
Kommentare zu sechs wesentlichen Sutras
erscheint Frühjahr 1995
ISBN 3-89620-074-7

Umarme deine Wut
Sutra der Vier Verankerungen der Achtsamkeit
ISBN 3-89620-056-9

Unsere Verabredung mit dem Leben
Buddhas Lehre vom Leben im
gegenwärtigen Augenblick
ISBN 3-89620-053-4

Das Wunder der Achtsamkeit
Einführung in die Meditation
ISBN 3-89620-021-6

Theseus Verlag